JN117674

介護事故の事実認定と記録

「介護記録」を武器にする書き方

弁護士
神保 正宏・山本 宏子 編著

日本加除出版株式会社

はしがき

我が国での高齢化が叫ばれて久しい。町を歩いても，いつのころからか高齢者が増え，子どもを見かけることが減ってきたように思われる。

一方，日々の弁護士業務で福祉業界・介護業界の方々と接すると，聞こえてくるのは人手不足と多忙な業務，離職率の高さを嘆く声である。自宅に届く新聞の折り込み求人広告では，高齢者施設，障がい者施設の職員募集ばかりが目立つ。しかも，なかなか職員が決まらないのか，同じ施設が何週にもわたって掲載されていることもしばしばである。

高齢者が増え，介護職員・福祉職員が減るという状況では，いきおい職員たちの研修や能力向上に振り分けられる時間が少なくなっていく。結果として，職員たちは見よう見まねで仕事を覚える比率が増えていき，介護の記録の付け方は，先任者のやり方を何となくまねして……ということになる。

しかし，これではひとたび何事か起きたとき，「過去に何があったのか」を遡って検証することは極めて難しい。

法律家の仕事において多くのウエイトを占めるのは，過去に起きた出来事を検証し，その出来事ゆえに現在誰がどのような責任を負うのか，あるいは誰も責任を負わないのか，現在の時点でどのような権利の変動が起きるのか，あるいは何も起きないのかを判断することである。このような観点からは，法律家の仕事は過去との対話であり，歴史の検証であるともいえる。そして，法律家が過去の出来事を探ろうとするとき，記録がきちんと残されていなければ誤った判断が下されかねない。

介護・福祉の記録がきちんと残されていないことは，法律家以外にとっても悲劇となりうる。介護事故の被害者あるいはその遺族からすれば，「いったい何があったのか知りたい」という要望を満たすことができなくなる。介護業者からすれば「自分たちはしっかりやっていた。事故は不可抗力であった」という主張を裏付ける資料がないということになる。

このような記録の重要性にもかかわらず，介護記録の付け方を法律家の観点から検証する研究はほとんどなされていない。そこで，本書では複数の裁判例を読み解き，その判決から見たあるべき介護記録の付け方，訴訟となった際に関係者が遡って事実を検証できる介護記録とはどうあるべきかを分析したものである。

本書執筆陣は全員が千葉県弁護士会に所属し，高齢者・障がい者の法律問題に熱心に取り組んでいる弁護士である。これまで取り組んだことのないテーマであるためしばしば執筆が停滞し，議論となったこともあった。また，執筆期間中に新型コロナウイルスの蔓延により緊急事態宣言が出され，執筆陣と編集部の会議ができなくなるという困難にも襲われた。

しかし，ともかくも万難を排して本書の完成に漕ぎつけた。本書が介護職・福祉職にあるすべての方，また，介護，福祉を利用するすべての方，そして，過去を検証しようとする法律家たちの役に立つことになれば幸いである。

令和３年３月１日

神　保　正　宏
山　本　宏　子

執筆者一覧

〔編著者〕

弁護士 神保正宏

2007 年登録　60 期　ななつぼし法律事務所

弁護士 山本宏子

1995 年登録　47 期　船橋総合法律事務所

〔執筆者〕

弁護士 石塚英一

1988 年登録　40 期　石塚法律事務所

弁護士 藤岡隆夫

2002 年登録　55 期　藤岡法律事務所

弁護士 濟木昭宏

2002 年登録　55 期　法律事務所シリウス

弁護士 上田優子

2002 年登録　55 期　コンパサーレ法律事務所

弁護士 中間陽子

2009 年登録　62 期　かんま法律事務所

弁護士 萩原得誉

2009 年登録　62 期　東葛総合法律事務所

弁護士 藤吉　彬

2012 年登録　65 期　東葛総合法律事務所

弁護士 都田和義

2014 年登録　67 期　北千葉総合法律事務所

弁護士 石田真理

2014 年登録　67 期　みぎわ法律事務所

凡　　例

本文中，雑誌・判例の表記については，以下のようにした。

【雑誌】

民集…………最高裁民事判例集

判タ…………判例タイムズ

判時…………判例時報

【判例】

最三小判昭和 58 年 3 月 30 日

…………最高裁判所第三小法廷昭和 57 年 3 月 30 日判決

横浜地川崎支判平成 12 年 2 月 23 日

…………横浜地方裁判所川崎支部平成 12 年 2 月 23 日判決

目　次

第1章　総　論

第2章　介護事故

誤　　嚥

転　倒・転　落

入　居　契　約

利 用 者 間 ト ラ ブ ル

失　　　踪

第1章

総　論

第1 はじめに

我が国において高齢化が叫ばれて久しい。すでに我が国の人口の４分の１が65歳以上であり，2065年には約2.6人に１人が65歳以上となり，約3.9人に１人が75歳以上になるといわれている。まさしく我が国は，「高齢者大国」となっている（内閣府ホームページ：https://www8.cao.go.jp/kourei/whitepaper/w-2019/html/zenbun/s1_1_1.html参照）。

また，近時，障がい者の権利擁護ということが叫ばれ，障がい者については従来のような施設での生活ではなく，可能な限り地域社会において生活することが期待されている。しかしながら，現実には知的障がい者における11.1％が施設入所しており（内閣府ホームページ：https://www8.cao.go.jp/shougai/whitepaper/r01hakusho/zenbun/siryo_02.html#:~:text参照），障がい者の地域社会における生活が完全に実現するのは当分先の事であると言わざるをえない。

このように高齢化が進む社会では，加齢に伴って心身が衰え，介護サービスを利用することになる高齢者が年々増加していくことは当然である。また，施設入所をしている，又は地域で生活してはいるものの何らかの障がいにより一人での生活が難しい障がい者は，介護サービスを利用せざるを得ない。今後，我が国においてはますます高齢者，障がい者の介護サービス利用は増えていくであろう。

一方，高齢者，障がい者に対する介護の中で発生する事故も後を絶たない。そもそも，高齢者であれ障がい者であれ，人が人を介護する以上，そこには必ず事故が発生しうる。しかも，高齢者や障がい者の介護は本来高度で専門的な知識を必要とする分野であるにもかかわらず，我が国全体を覆う人手不足が災いし，介護に従事する職員は必ずしも高度で専門的な知識を身に付けるだけの余裕を与えられていない者も多い。今後，介護をめぐる法律上の論点が多数現れるであろうと思われる。

本書は，そのような状況下において，介護事故にスポットライトを当て，事故発生時から振り返ってどのような事故であったのか，なぜ事故が発生したのか，その事故の責任は誰が負うべきか，あるいは誰も負うべきでないのかを明らかにできるような介護記録を作成するためにはどのような記述をすべきかを，過去の裁判例を基に探求したものである。

第2　介護契約の本質と事業者等の法的責任

1　措置から契約へ

いわゆる介護事故が起きた場合，利用者は介護施設（業者）に対して，債務不履行又は不法行為を理由として損害賠償を請求することが一般的である（詳細は後述する）。これは，利用者と介護施設（業者）との間に介護を目的とした準委任契約又は類似の無名契約が締結されていることが通常だからである。

実は，「利用者と介護施設との間で準委任契約又は類似の無名契約が締結される」ということが一般的になったのはそう古い話ではない。平成12年に介護保険制度が実現するまでは，介護施設への入所については「措置による入所」が行われていた。

介護保険制度の実現以前，施設入所は行政による措置によって行われていた。行政は入所者に対して入所先の施設を指定し，提供されるサービスについてもあらかじめ定めるということがあった。また，措置の制度はいわゆる応能負担（裕福な者には高い利用料を，貧しい者には低い利用料をとする制度）を軸として設計されており，ある意味で不公平であるとも考えられる制度であった。現在とは隔世の感があるものである。

しかし，平成12年の介護保険制度の実現により，このような措置による介護サービスの提供は原則として行われなくなり，介護サービスの提供は利用者と介護施設（業者）との準委任契約又は類似の無名契約によるものであるとされるようになった。準委任契約等であるから，当然，契約に伴って生じた問題点は民法その他の法律を基に解決されることになる。また，契約に関する対価も契約内容によって異なる，いわゆる応益負担

（サービスを利用する分量が増えれば，費用も増加する）が制度の軸となった。

この状況が現在まで継続していることとなる。

2　介護事業者等の法的責任

(1)　債務不履行責任と不法行為責任

では，介護事故が実際に発生した場合，利用者と介護施設（事業者）との間の契約を準委任契約ととらえると，介護事業者にはどのような法的な賠償責任が考えられるか。民事上の責任としては，契約責任としての債務不履行責任，不法行為責任が考えられる。また，それとは別に介護事業者には行政上の責任が問われることとなる。

(2)　債務不履行責任（民法416条）

ア　サービス提供義務

介護事業者は，前述のとおり利用者との間で介護サービスに関する利用契約を締結しており，適切なサービスを提供するという債務履行義務を負っている。そこで，適切なサービスが提供されなかった結果利用者に損害を負わせた場合，債務不履行責任としての損害賠償責任を負うこととなる。

また，介護サービスの提供にあたり利用者の安全を確保するという「安全配慮義務」に反した場合，やはり契約責任として損害賠償義務（民法416条）を負う。

イ　注意義務の基準

介護事業所が過失を問われる場合，一般に介護サービス提供時における介護の実務の現場でどの程度の介護水準が求められるのかという点が重要である。

この点，医療過誤訴訟においては，求められる医療の水準は「診療当時のいわゆる臨床医学の実践における医療水準」であるとされる（最三小判昭和57年3月30日判時1039号66頁）。

しかしながら，医療現場での「看護」と介護現場での「介護」で求められる水準は，自ずと異なる。現在のところ，介護事故の訴訟等で最高裁判所において求められる介護水準を明らかにした判例は存在していないと思われる。結局，実際に介護に従事する事業者としては，万一介護事故が発生した場合に備えて「自らの施設（事業所）が提供する介護の水準が，他の平均的な施設（事業所）と同程度であるか」を意識しておくことが重要であると考える。

さらに，痰の吸引など一部医療行為が介護現場で認められているが，そうした行為については，特に，期待される注意基準について情報収集を欠かさないことが望ましいであろう。

ウ　過失相殺（民法418条）

介護事故においても，公平の観点から，過失相殺を認めて損害賠償の金額を減額することは認められる。

介護事故における過失相殺は，例えば利用者から介護拒否の言動があったなど，損害賠償を請求する利用者の側にも落ち度があった場合に認められることが多い。一般的には，介護事故では，過失相殺が争点となることが他の事案に比べ多いように見受けられる。

(3)　不法行為責任（民法709条，710条，717条）

介護事業所（者）の故意又は過失による行為によって利用者が損害を受けた場合，介護事業者は，不法行為責任（民法709条）によって損害賠償義務を負う。

ただし，介護事業所（者）自体が不法行為責任を負うとされる例は，あまり多くない。実際に介護事業所（つまり，法人）自体が利用者の介護を行うわけではなく，介護それ自体を行うのは介護事業所（者）の職員である。そのため，介護それ自体との関係で介護事業所（者）自体の故意又は過失があったと考えることは困難であるからである。

もちろん，担当職員個人に不法行為による責任が認められる場合に，介護事業は担当職員を雇用する者として「使用者責任」（民法710条）が問われることはありうる。

さらに，施設に物理的な「瑕疵」がある場合，土地工作物の設置者として所有物責任（民法717条）を負うこともある。

⑷　行政上の責任

事業者は，都道府県から介護保険の業者としての「指定」を受けて介護施設を運営している。

介護事故が起きると，事業者は市町村に報告書を提出しなければならない。事故発生の報告を受けた市町村は，提出された事故報告書を検討し，いかなる事故について事業所がどのような対応をしたかを確認する。その結果当該事故が不可抗力でなく事業所の対応が不十分であると判断される場合，行政の指導・勧告に従わなかったりしてその後の介護事業所の対応に問題があるとされる場合には指定の取消し，業務停止，又は，業務改善命令といった処分（介護保険法77条，84条，92条，102条，103条，104条，114条）を受けることもありうる。

なお，報告書がどのようなものであるかについては後述する。

3　担当職員の責任

⑴　責任の種類

担当職員の法的責任としては，民事上の不法行為責任と刑事上の業務上過失致死傷罪が考えられる。なお，担当の介護職員個人は利用者と契約関係にないため，介護職員個人に債務不履行責任を問うことはできない。

⑵　不法行為責任

担当職員が適切でない行為を行ったことについて故意又は過失があり，その結果利用者が損害を受けた場合には，不法行為責任（民法710条）によって損害賠償責任を負うことになる。

⑶　刑事責任（業務上過失致死傷罪）

担当職員が業務上必要な注意を怠ったという過失があり，その結果利用者に傷害を負わせたり，利用者が死亡した場合には，業務上過失致死傷罪（刑法211条）が成立することとなる。

ただし，介護事故で刑事上の責任が問われることは多くない（なお，長野県の特別養護老人ホームの入居者が誤嚥により窒息死した事件において，検察官が介護職員個人を業務上過失致死罪で起訴し，１審では有罪判決，罰金20万円の刑が言い渡された事件があり介護業界に衝撃を呼んだ。結果的にこの事件は控訴審で無罪となったようであるが，今後，類似の刑事事件があった際にはその動向を注視する必要があろう。東京高判令和２年７月28日裁判所ウェブサイト参照)。

第３ 記録の偏在

1　介護事故では証拠が著しく偏在していること

上記のような観点から，介護事故において記録の存在及びそれを読み解くことは非常に重要である。

ところで，民事訴訟においてはいわゆる証拠の偏在が問題となることがある。典型的な例は医療事故事件であって，多くは「患者である原告は医療知識が乏しいのに対し，医師である被告は医療知識を豊富に有する。事故について専門家に意見を求めることもたやすい。加えて，カルテその他の記録はすべて被告側が有していることが大半であり，原告側は証拠入手にかなりの苦労をする」という文脈で語られることが多い。

介護事故についても同様であって，介護事故においてその証拠は被告である介護施設・介護業者側に偏在していることが大半である。介護記録は介護施設・介護業者側だけが有しているのが通常であるし，介護に関する知識についても医療過誤事件同様，介護施設・介護業者側と利用者・その家族側では圧倒的に差異があるのが通常である。

この点について，一部の法曹関係者は介護に対する専門知識を軽視し，医療過誤事件と異なって介護事故事件では知識の偏在はそれほど存在しない（＝介護の知識は専門性が薄く，素人でも理解が容易である）との認識を有している者もいる。しかし，これは大きな誤解である。介護の知識は高度の専門性を有する分野であり，にわか仕込みの勉強で理解できることではない。このことは介護福祉士という国家資格があることからも明らかである。上記のような認識は改められるべきである。

しかも，多くの場合，問題を複雑にしているのは被介護者が認知症を有していることである。医療過誤事件の場合，患者が生存していれば本人から直接事情を聴取することもできる。しかし，介護事故の場合，被介護者が認知症を患っていれば事情を聴取することが困難である。また，仮に被介護者が認知症を患っていないケースであっても，被介護者は高齢で長時間の聴取に耐えられないことがほとんどである。さらには，高齢ゆえに被介護者が事故後ほどなくして死亡してしまうことも多く，交渉・訴訟が長期化すると聴取自体が不可能になってしまう。

これらの事情を考慮すると，介護事故事件では証拠の偏在は医療過誤事件以上に重大であり，介護施設・介護業者側の有する証拠によって交渉・訴訟の結果が大きく変わってくるというのが実情である。

2　証拠の偏在ゆえに，記録のつけ方には最新の注意を払うべきこと

証拠の偏在があるゆえに記録のつけ方には最新の注意が払われるべきである。

証拠の偏在があるということは，裏を返せば偏在している証拠のみで交渉・訴訟の結果が決まるということでもある。介護記録に記載されていることは，「介護施設の有している記録に書かれているのだから，実際に起きたことなのだろう」，介護記録に記載されていないことは，「介護記録に書かれていないということは，実際には起きていないのだろう」という視点で判断されやすいということでもある。前述のとおり，介護事故では被介護者が認知症であったり，死亡していることが多いことから聴取ができないことも上記の視点を結果的に強めることになる。

このように考えると，介護事故における記録は極めて重要である。かつて数十年前，医療過誤事件は証拠の偏在ゆえに被告である医療側が圧倒的に有利であると評価された時代もあった。しかし，民事訴訟法において証拠開示の制度が整備され，医療側も医療記録保全の重要性を理解（例えば電子カルテは後から書き換えができないようになっている等）するようになっ

た今日，証拠の偏在をもって直ちに医療側が優位であるとはいえなくなった。それは医療記録が証拠開示により訴訟に顕出されてしまう以上，医療記録の記載が稚拙であれば医療側を害する証拠となりかねないからである。

介護事故も全く同様の事態にある。介護記録が経緯はどうあれ最終的に訴訟に証拠として提出されるものである以上，その記録のつけ方の巧拙により訴訟の結果が左右されることは肝に銘ずるべきである。

３　介護事故をめぐる特殊性

介護事故については，他の交渉・訴訟と大きく異なる特徴がある。それは，被介護者又はその家族が，金銭請求を一義的な目標としないケースが散見されることである（介護事故の紛争解決手段等については後述する）。

我が国の文化として，高齢者あるいは障がい者が施設入所する場合，被介護者及び家族は「施設にお世話になっている」との感覚を持つ場合が多い。また，ほかに転所できる施設がないなどの理由から，事故後も被介護者が同じ施設に入所を継続しなければならないケースも散見される。

このような事案の場合，被介護者又はその家族は，「いったい何があったのか知りたい」，「同じような事故が再び起きないでほしい」，「今回の事故を教訓として，再発防止に努めてほしい」との感情を持つことが多い。こうなると被介護者又はその家族は，金銭請求よりも真相究明を真実の目的として損害賠償請求訴訟を提起してくることがある。現実に，介護事故事件の和解書には「（被告である）介護施設は再発防止策を講じる」等の記載がされることが多く，事案によっては具体的な再発防止策を講じて原告側に開示することが和解の条件とされることもある。

このような事案においてはかなりの程度に証拠開示請求がされることは想像に難くない。介護記録の作成時には，事故時に介護記録のすべてが開示請求されるものとして考えておくべきである。

第4　介護事故をめぐる記録

1　介護関係の記録にはどのようなものがあるか

介護事故と介護記録の関係を考えるにあたって，まずは介護関係の記録として大まかにどのようなものがあるかを把握しておくことが必要である（なお，ここでいう「介護記録」とは施設入所している者の状態等を記録しているものに限らず，在宅で介護を受けている者について作成されている記録も含む。以下，同じ）。

以下，介護事故をめぐって頻繁に裁判所に提出される記録を挙げてみる。

2　介護保険関係の記録

(1)　記録の意義

介護保険関係では，多くの記録が作成される。介護保険は介護が必要になった高齢者が幅広く利用しているものであり，それゆえに記録も多数作成されているものである。したがって，訴訟になった際に例えば「認知症がまだ進行していない頃はどのような状態だったか」，「施設入所直前は独力で歩くことができたか」等，適切に記録をさかのぼれば過去の状態を知ることも可能である。

(2)　介護保険制度の概要

介護保険制度を大まかに説明すると，介護が必要となった高齢者について審査の上でその深刻度に応じて等級をつけ，その等級に従って介護サービスを低廉な自己負担額（1割負担）で支給する制度である。

一般的には，当該高齢者が高齢による身体機能の低下，疾病等を理由に介護が必要になってきたと判断された場合に，本人若しくは家族から居住地の市町村に対して介護保険の利用申請をすることで利用が開始される。

等級は，最も介護度が軽いもの（健康体に近いもの）を要支援1とし，最も重度なものを要介護5とする。当該等級をつけるにあたって介護認定審査会において審査が行われる。当該審査を行うにあたっては，①主治医の意見書及び②市町村が派遣した調査員の調査結果が作成される。当該結果は記録として保管されることになるので，これを見ることで当該高齢者の記録作成時点での状態を知ることができる。

(3) 主治医の意見書

介護保険を利用するに際し，当該高齢者の主治医が作成する意見書である。多くの市町村では，当該意見書には定型の書式を作成しているようである。主治医が当該高齢者の身体・精神状況を確認して作成する。介護保険の利用開始の際に作成されるほか，介護保険の更新時にも作成されることから，時系列を追って取得すれば当該高齢者の身体状況の変化を知ることができる。

(4) 市町村の介護保険調査員の調査結果

介護保険の使用を申請すると，居住地の市町村の職員が当該高齢者を訪問して聞き取り調査を行う。その際に作成されるのが調査票である。これについては統一の書式が存在せず，各市町村ごとに個別に書式を作成しているようである。

調査票は身体状況（例：自立できるか，寝返りをうてるか，自力で着替えや食事ができるか）及び精神状態（例：調査日が何月何日か回答できるか，自分の年齢を回答できるか）について，多岐にわたる質問がなされる。また，当該高齢者への質問だけではなく，同居する家族や入所する施設の職員に対しても行われる。聞き取った内容が逐一記録として残されるため，当該高齢者の身体状況や精神状況を知ることができ，訴訟等で有用な証拠となる。

(5) 記録の入手方法

上記記録は，介護保険の審査に必要な書類として市町村に保管されている。当該記録を入手するためには，以下の方法によることが考えられる。

① 民事訴訟において調査嘱託を利用する方法

すでに紛争が訴訟段階に達している場合には，裁判所を経由して調査嘱託を行うことがもっとも有用である。多くの市町村では裁判所からの調査嘱託については回答するものと思われる。

②　個人情報開示請求を行う方法

ほとんどの市町村では，現在，個人情報の開示についての何らかの規定が整備されている。当該規定に基づいて開示を求める方法である。市町村ごとに規定が異なるため，開示を求められる範囲も異なると考えられる。

③　弁護士法23条照会による場合

いわゆる23条照会によって開示を求める方法もある。しかしながら，23条照会によっては開示を行わない市町村も多い

この点，最三小判平成28年10月18日（民集70巻7号1725頁）は，23条照会に対して報告を拒絶する行為が23条照会をした弁護士会の法律上保護された権利を侵害するものではないと判示しており，当該判例によって23条照会により行政機関の保有する情報を取得することは困難になったと考えられるであろう。

3　介護関係職員の作成する記録

(1)　総論

実際に高齢者の介護が開始されると，各種の記録が作成される。記録は相談支援専門員（いわゆるケアマネジャー）が作成するもの，実際に身体介護にあたる職員が作成するもの等，多岐にわたる。

実際に介護にあたる職員が作成した記録は当該高齢者の，まさに日々の姿を記載したものであるから，介護事故発生時の資料としては重要なものである。半面，作成する職員の能力によって記載内容にばらつきがあり，場合によっては職員の主観的な評価が入ることがあるので検討する際には注意を要する。

(2)　介護記録の種類

介護職員が作成する記録には，以下のようなものがある。

ア　介護サービス計画書

いわゆるケアマネジャーが，介護を受ける高齢者の介護計画を作成

する際に作成する計画書である。正式名称は，在宅で介護を受ける者について作成される計画書は「居宅サービス計画書」，施設で介護を受ける者については「施設サービス計画書」となる。両者を総称して「介護サービス計画書」と呼称するが，「ケアプラン」と呼ばれる場合も多い。当該介護サービス契約書は，ケアマネジャーから実際に介護を担当する介護職員等に配布され，介護職員は介護計画に従って介護を行うことになる。

ケアマネジャーが介護計画を作成する場合には，当然，本人や家族，入所先の施設の職員から聞き取りを行ったうえで作成する。そのため，聞き取り時点での本人の状況等が記載されることが多い。

例えば，ケアマネジャーが家族から「当該高齢者は最近，足が弱ってきたようでふらつきがある。一人で入浴させるのが怖い」と聞き取り，この聞き取りに基づいて入浴介助の介護計画を作成したとの記載があったとする。この記載からすれば，当然，当該介護計画に基づいて入浴介助を行う介護職員は転倒に注意すべきとの指示を受けていたと推測されるということになる。

また，介護サービス計画書には「モニタリング」とされる項目がある。この「モニタリング」は，立案された介護計画が適切に実行されたかを記載する項目である。実際に行われた介護に問題が生じれば当該項目に記載がされることから，事故に先立つ数週間あるいは数か月の間に問題が生じていなかったかを検討することも必要である。

イ　フェイスシート

実際に介護業者が介護を開始する際に作成する書面である。前述のとおり，当該高齢者の介護を開始するにあたり，ケアマネジャーが介護計画を作成し，実際の介護業者に交付する。それを受けた介護業者は計画に従って介護を開始するが，当該介護開始時に作成されるのがフェイスシートである。

フェイスシートには当該高齢者の氏名や連絡先，家族構成，生活歴のほか，ADL といわれる日常生活動作の自立度を記載することが多い。ADL とは Activity of Daily Living の略称であり，一般的には当該高齢者が日常的な活動（食事をとる，服を着替える等）の行動をどれだけ自立して行えるかを表したものである。

当該フェイスシートの検討により，介護開始時に当該高齢者がどの程度の日常生活能力を有していたかを知ることができる。

ウ　業務日誌

介護業者が作成する日誌であり，個別の対象者ではなく事業所全体での出来事を記載する日誌である。日誌には当該日の入所者数，利用者数，出来事等が記載される。

当然のことながら，業者の類型によって日誌の内容が異なる。例えば介護の必要な高齢者が入所する特別養護老人ホームであれば，当然，業務日誌には当該日の時点での入所者数が記載されるし，健康診断の日であれば「本日は健康診断を実施した」との記載が行われる。デイサービス業者であれば，当該日の利用者数等が記載される。

当該記録を検討することで，職員の繁忙度等を知ることができる。

エ　生活記録

事業所によって「介護記録」,「経過記録」,「ケース記録」など，名称が異なる。当該高齢者個人について，日々の経過を記載した記録である。日々記載するものであるから，当然，介護関係の記録の中では最も分量が多くなる。記録の内容は極めて多岐にわたり，その日の対象者の言動，食事をとったか，面会者の有無等が記載される。

介護事故が生じた際には最も参考にされる記録の一つであり，日々，注意して記載をすることが求められる。

4　介護事故報告書

その他，介護事故が起きた際の介護事故報告書も場合により立証に使用される場合がある。

介護事故が起こった場合，まず，事業所としてしなければならないのは，介護保険の保険者（市町村）に事故報告書を提出すること（介護保険法 23

条，24条，37条。関係省令）である。報告の対象となる事故については，各都道府県のガイドラインや各市町村で要綱が存在し，これが基準となる。また，書式についても一般的には市町村ごとに定型のものが定められている。

一般的に市町村へ報告する事故の内容は，都道府県のガイドラインにより，①サービスの提供による利用者の負傷（医療機関に受診したもの，死亡事故など）②食中毒及び感染症等の発生，③職員の法令違反，不祥事④その他，報告が必要と認められる事故などが挙げられるさらに，市町村によっては，⑤服薬の際の誤り，⑥行方不明の場合などに報告を求める例もある。

この事故報告書については，23条照会等で入手できれば，事故時の状況等について立証の手段となりうると思われる。

5　損害保険会社への報告書

介護を必要とする人が増え，介護サービスの必要性が高まるにつれて，介護事業者や介護に携わる人員への要望も増え，介護サービスに伴う介護事故やそれに伴う損害賠償の請求も増加していく傾向にある。

介護事業者は，指定居宅サービス等の事業の人員，設備及び運営に関する基準（平成11年厚生省令第37号）37条，指定居宅介護支援等の事業の人員及び運営に関する基準（平成11年厚生省令第38号）27条によって，損害賠償を行うことを義務づけられている。そのため，介護事業者は賠償に備える資力を確保するか損害賠償保険に加入することが義務となる。実際には大半の介護事業者が損害保険に加入していると思われる。

介護事業者が損害賠償保険に加入している場合，介護事故の被害に遭ったと主張する利用者からの請求に対して，当該介護事業者に責任が発生するのかどうかを保険会社が判断するため，介護事業者が保険会社に事故報告書を提出することが普通である。

この事故報告書は後に当該介護事故をめぐって訴訟になった場合には，裁判所が介護事業所や担当職員に責任があるかを判断するための資料ともなりうる。それゆえ，債務不履行責任の原因行為がどのようなものなのか，争点となりうる過失相殺とはどのような場合に適用されるのか等について理解して記録が作成されることが望ましい。

第5 具体的な紛争解決手段

1　本人・家族の解決目的

介護事故の解決にあたって，ご本人やご家族が介護事業所（者）や担当職員に主にどのようなことを望むかによって，解決方法や相談機関が変わってくるケースが多い。

具体的には，再発防止を求めるか，金銭賠償を求めるのか，どちらをより重点的に望むかということが，どの解決方法・相談機関を選ぶかによってある程度伺い知ることができる。

主に金銭賠償を求めるのであれば，示談交渉・調停・訴訟などの手続を選ぶことが多い。再発防止・介護サービスの改善を望む場合，事業所内の苦情受付制度の利用・都道府県社会福祉協議会の運営適正化委員会への申し出などの選択が考えられる。

また，損害賠償について示談交渉をしつつ，再発防止や今後の介護サービスの向上のため事業所（者）の苦情受付制度を利用するというように，同時に両方の制度を併行して利用するケースも考えられる。

あわせて，ご本人やご家族には，事実としてどのようなことがあったかを知りたい，事業所（者）の誠意を見せてほしい，という目的がある場合も多く，そうした目的があることを意識しながら解決を図っていくことが，望ましい。

また，知識不足などから，解決方法・相談機関と重点的な目的がミスマッチな場合もあり得るので，ご本人やご家族の求めていることがどこにあるのかを慎重に見定め，対応を考えていくことが大事である。

２　苦情解決のための制度

⑴　苦情申立の制度

事故の再発防止を目的とする場合，福祉事業所のサービスについての苦情申立を利用することが考えられる。

社会福祉法では，①事業所内に苦情解決体制，②運営適正化委員会という二つの苦情申立制度について定めがある。

さらに，介護保険の保険者である市区町村の介護保険課や，都道府県の国民健康保険連合会に苦情処理窓口が設置されている。重要事項説明書には，相談窓口の記載がされている。

⑵　事業者の苦情解決体制

社会福祉法では，福祉事業所に苦情解決の努力義務を定めている（社会福祉法82条）。これを受けて，厚生労働省のガイドラインは，事業者に①苦情受付担当者，②第三者委員，③苦情解決責任者を置くことを求めている。

ご本人やご家族は，事業所（者）の苦情受付担当者に，介護サービスに関する苦情を申し出ることができる。

⑶　運営適正化委員会

社会福祉法では，都道府県の社会福祉協議会に，運営適正化委員会という苦情解決制度を設置するよう定められている。事業所に苦情を申し立てしにくかったり，苦情を申し立ててもサービスの改善を得られなかった場合に，運営適正化委員会への苦情の申立てが利用される。

福祉事業所への相談，助言や事情調査が行われるほか，中立的立場であっせんをする。また，知事（都道府県）への通知も行われる。

⑷　市区町村

介護保険制度の保険者としての立場にある市区町村は，その地域の介護保険についての情報を集めている。そのため，多くの市区町村は，介護事故について事業所（者）に報告をするよう定めている。

介護保険の運用についての苦情が申し立てられた場合，市区町村は事業所に，調査や指導・助言を行う。

(5)　都道府県国民健康保険団体連合会（国保連）への申立て

介護保険事業に関しての苦情について，市区町村で対応ができない場合には，都道府ごとに設置されている国民健康保険団体連合会に苦情を申し立てることができる。国民健康保険団体連合会は，事業所への調査・指導を行う。

(6)　都道府県

都道府県は，介護保険指定事業所の指定権限を持っているため，例えば「運営基準」について著しい違反があれば，指定を取り消すことができる。

運営基準に違反がある場合，ご本人やご家族から都道府県に申立てがされれば，指定を取り消すかどうかを都道府県が判断することになる。

3　損害賠償請求の手続

(1)　損害賠償請求の手段

金銭賠償を求める損害賠償手続として考えられるものは，示談交渉・民事調停・訴訟が挙げられる。

また，事実を明らかにすることを目的として，証拠保全手続や個人情報開示の請求がされる場合もある。

(2)　示談交渉

本人や家族が介護事業所との話合いによって解決する示談交渉という方法が考えられる。

介護事業者は，損害賠償保険に入っている場合が多い。また，指定事業所である場合は，損害賠償保険に入る義務がある（平成11年厚労省令第37号37条，同第38号27条）。

したがって，事実関係についてご本人・ご家族と介護事業所・保険会社との間で争いがない場合，示談交渉で解決を図ることが有効な方法だと言える。

(3)　民事調停

事業所の所在地を管轄する簡易裁判所に，損害賠償について民事調停を申し立てる方法がある。

事業所が損害賠償保険に入っている場合でも，慰謝料については，交渉の段階では損害保険会社の内部基準で提案金額が決まる場合が多い。したがって，双方の慰謝料の金額の相違から調停という方法を選ぶという可能性は，かなりあると言える。

⑷　訴訟

示談交渉・調停などで紛争解決が図れない場合，訴訟という方法が選択される場合がある。

⑸　証拠保全，個人情報開示

介護事故では，資料の多くを事業所が保持していることから，交渉や訴訟となる前に，記録などの開示の手続が行われる場合想定される。

ひとつには，本人や家族が，裁判所に証拠保全の申立をし，事業所の施設の様々な記録を入手して，事実関係を確認するという方法がある。

また，個人情報の提供の開示請求という形で，記録の開示を請求される場合もある。

ご本人やご家族は入手した記録を見て，事実を確認しこれからの対応を考えることから，記録にどのような記載がされているか，どのような記載がされていないかが重要なポイントとなってくる。

さらに，病院などにも証拠保全や医療情報開示の請求がされる場合もあるので，受診した医療機関の診断や指示などについても，きちんと記録をされていることが重要である。また，個人情報の取扱についての基本方針・取扱規定を定めておくことが望ましい。

第6　記録のつけ方について

1　総論

上記のように見てくると，介護記録はいずれも「後日，訴訟あるいは交渉で使用される可能性がある」ことを前提に作成されることが重要であることがわかる。そこで，介護記録は後日の検証に耐えるように具体的，かつ客観的な記載がなされるべきである。

2　好ましい記述

後日の検証に耐えられるようにという見地からは，いわゆる5W1H（when いつ，where どこで，who 誰が，what 何を，why なぜ，how どのように）を踏まえた内容であることが望ましい。

また，客観性を担保するためには，例えば介護記録内に「入居者が転倒したと思われる」という結果がある場合，その結果を導いた具体的な理由となる事実，例えばスリッパが落ちていた，ベッドの手すりが下がっていたなどの客観的事実をできるだけ書き加えておくことも重要である。

ここで留意すべきは，あくまで客観的な事実を記載することである。周囲の事実から推測されることを記載することも悪いことではないが，客観的事実と推測を混同している記録が多く見受けられる。事実の記載は事実として，推測である部分は推測であるとして記載すべきである。

3　好ましい記述，避けるべき記述の具体例

(1)　まず，前記のように5W1Hは明らかにして記録を作成すべきである。しかし，これが意外となされていない記録が多い。例えばケアマネジャーが在宅の高齢者Aに施設入所を進める場面の記録において，

○月○日

ご自宅でAさんと息子のBさんに面会して，施設入所を薦めるが，『まだ早い』と断られる

というような記述がよく見られる。

しかし，この記述を見ればわかるとおり，主語があいまいで「まだ早い」という発言が誰のものであるかわからない。これが客観的事実として，「まだ早い」という発言がAのものであれば，A自身が例えば認知症により入所を拒否している可能性がある（この場合，周囲は早めにAを

入所させるように手配すべきだったと評価しうる)。

これに対し,「まだ早い」の発言がBのものであれば，B自身が介護の責任を引き受けたと評価することができるし，場合によっては積極的にBが施設入所を妨害したととらえることも他の事情によってはありうる。

この違いは，例えばAが訪問入浴サービスを利用しており，サービス中に風呂場で職員の過失により転倒・死亡した場合,「どうしてもっと早く施設入所しなかったのだ」という形で事業者の過失相殺に影響する可能性もないとは言い切れない。

本来，この部分は例えば

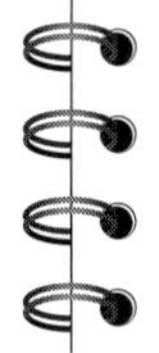

○月○日

ご自宅でAさんと息子のBさんに面会して，施設入所を薦める。しかし，Bさんが激高して,『親父に入所はまだ早い』という。その間，Aさんは無言

というように，できる限り主語を明らかにして，かつ，各登場人物の行動を示して記載すべきである。

(2)　また，推測と事実は分けて記載すべきである。例えば，施設入所中のCについて，施設職員が見回りをした際にCが床に倒れており，ベッドの柵が外れていた場合，記録には「Cがベッドから転落した」と記載してしまいがちである。

しかし，実際に職員がCの転落した場面を現認したわけではない。もしかすると，他室の認知症の入所者がCをベッドから引きずり落とした可能性も否定できない。

このような場合，記録としては「職員が部屋を見回りに行くと，Cがベッドのすぐ下の床に体の左を下にして転倒している。見ると，ベッドの柵が外れ，垂れ下がっている」のように記載すべきである。

(3)　結局，介護記録の記載は以下に起きた出来事を明確に記載するかと

いうことが重要なのである。介護記録は多くの場合，当該利用者の状況を他の職員に引き継ぐ際の情報として認識されてきた。この視点自体はもちろん重要であろう。しかし，介護事故が起きた際に過去を検証する資料は（人証を除けば）記録しかないのである。法律家はそのことを忘れてはならない。

第2章

介護事故

誤　　嚥

事例▶1

認知症の高齢者が誤嚥で死亡した事例

横浜地川崎支判平成 12 年 2 月 23 日（賃金と社会保障 1284 号 38 頁）

ポイント

- Ａの死因が誤嚥であるか否か
- Ａが誤嚥を起こしていることの予見可能性

1 事案の概要

Ａ（原告）は事故当時 73 歳の男性である。Ａは昭和 60 年に多発性脳梗塞を発症し，以後，徐々に認知症が進行していた。本件事故の発生した平成７年当時は認知症が悪化した上，身体状態も悪く日中の大半をベッドの上で過ごしていた。いわゆる全介助を必要とする状態であった。

Ａはそれまで自宅で生活していたが，将来的に施設入所となった際の準備として，平成７年 12 月６日から同月８日までの３日間，試験的に社会福祉法人Ｙの経営するＢホームにショートステイを行った。

Ａはショートステイ３日目となる 12 月８日朝，Ｂの職員が朝食の介助の際に数分間目を離したところ，座ったまま，目を見開き，手をだらりと下げている状態で発見された。Ｂの職員は当初，Ａが脳梗塞等を発症したと考えて吸引などの措置を行わなかった。Ａは発見から 15 分ほど後に救急搬送されたが，病院で死亡が確認された。

Ａの相続人であるＸら（Ａの妻及び子）がＹを被告とし，不法行為あるいは債務不履行を理由として損害賠償を請求。

2 判決の内容

結論 原告の請求を認容。

理由 Ａの死因は誤嚥による窒息と考えられる。また，施設Ｂでのショートステイ開始後の様子及び事前面接での内容から，Ａが施設内で目を見開いて手をだらりと下げた状態の際に，誤嚥を起こしていたことは予測可能であったと判断した。

3 争　点

【争点を考える上でのポイント】

(1)　Ａの死因について，医師の診断の他，介護記録にＡ発見時に「チアノーゼ（が起きている）」との記載があるが，当該記録はＡが誤嚥をしていた事実を推認させるか

(2)　Ａのこれまでの記録から，Ａの発見時に誤嚥であることが予測できるか

(1)　本件では，Ａの死因自体が争われている。この争点について，最も重要な証拠はもちろん医師の死亡診断書であろう。しかしながら，本件ではさらにＢ職員作成のケース記録に，Ａ発見時「チアノーゼ（がある）」という記載がされている。このことから，Ａが発見された際にチアノーゼを生じていたか否かも問題となった（注：チアノーゼとは，動脈血中の酸素飽和度が低下することによって皮膚や粘膜が暗紫青色になる状態をいう。誤嚥で呼吸ができなくなった場合にはチアノーゼを生じるため，本件でＡの窒息を推認させる事情としてＡがチアノーゼを生じていたかが一つの争点となっている）。

(2)　また，本件では，Ａのこれまでの記録から，Ａが目を見開き，手をだ

らんと下げた状態で発見された際に誤嚥を起こしていると予測できたかがもう一つの争点となっている。Ｂ職員らは，Ａに脳梗塞の既往症があったことから，発見直後は脳梗塞等を疑ったようである。

4 提出された介護記録等

判決文を見ると，Ｘら及びＢの職員らの陳述書の他，Ｂのケース記録，Ａのショートステイ前にＢ職員らがＸらに対して行った事前面接の記録，Ａが救急搬送された病院の医師が作成した死亡診断書が証拠提出されている。

なお，Ａの死体については解剖が行われていない。

5 判決の分析

本件は，Ａの死因自体が争われている事案である。このように死因自体が争われている事案の場合，証拠としてもっとも有力なものは救急搬送先でＡを診察した医師の判断を記載した書面，あるいは医師の供述そのものであろう。

しかし，我が国では他の先進国と比較して遺体の解剖を行う比率が極めて低いと言われており，そのため，死因がはっきりしないことも多い。本件でもＡの死体の解剖は行われておらず，Ａを診察した医師の供述等があってもそれのみで直ちにＡの死因を誤嚥による窒息と断言することまではできない（それゆえに，本件でも被告Ｙ側はＡの死因を争ったと考えられる）。

このように死体の解剖が行われていない事案の場合，まさに本件のように事故直後の本人の様子等からＡの死因を推測せざるを得ないことがある。そうすると，介護記録に記載されている事故直後の状況が重要となることがあるため，注意が必要である。

本件では，判決はＡの死因を誤嚥による窒息と判断している。本件では

Ａが救急搬送された病院の医師が証人として訊問されているようであり，その医師が「Ａの死因は誤嚥による窒息である」と判断している。この医師の判断が裁判所の心証形成に影響を与えていることは否定できない。

問題は，それに加えて事故直後の介護記録上に，「（Ａが）チアノーゼを起こしている」との記載があったことである。

本件訴訟において，Ｂ職員でＡの発見直後に対応した看護師Ｃが「Ａを発見した際，Ａの口の中に食べ物が無かった。Ａは唇と指先がちょっと紫になっていたが，チアノーゼではなかったと思う。Ｂでは，普段から多少唇などが紫になっていた程度でもチアノーゼと呼んでいた」と証言している。つまり，介護記録に「チアノーゼ」という記載があったとしても，それは医学的な意味で（顔色自体が青紫色になる）チアノーゼが生じていたというのではないという意味だというのである。

しかし，このＣが述べるような記録の付け方は避けるべきである。当該施設において，ある単語が本来の意味と異なる意味で使用されていたとしてもそれを記録に記載すべきではない。当然，そのような記載は誤解を生むからである。本件においても，裁判所は「介護記録にチアノーゼとの記載があり，それが訂正されている形跡もないことからすれば，本件でＡが発見された際にＡにはチアノーゼが発生していた」と認定している。

そもそも，介護記録には極力事実を生のまま記載すべきであり，証拠を保全するとの観点からは，評価が入ったり，さらに説明を必要とする記載は極力すべきではない。本件を例に挙げれば，Ｃらが証拠を保全しようと考えた場合，介護記録には「（発見時に）Ａの唇と指先が多少青紫になっている。顔色は普段と変わらない。口の中を開けてみたが，食物は残っていなかった」と記載しておくべきであった。このような記載がなく，評価を要する「チアノーゼ」と記載してしまえば，これを後日の供述で覆すことは困難であったと考えられる。

また，第２の争点であるＢ職員らがＡが誤嚥を起こすことを予見できたかについてであるが，これについて裁判所はＢのケース記録の他，事前面接の結果からＡが誤嚥を起こすことは予見できたとの結論を導いている。

この争点については，Ａの介護記録にかなり詳細な記載があったと考えられる。例えば，ショートステイ初日（12月６日）の記録には「食事の摂取は良好であったが，薬が飲みにくいようであった」，「午前１時と３時の巡回の際，目を開けていて眠れない様子であった」，翌７日の記録には「昼食，夕食は咀嚼がうまくいかず，時間がかかった」，８日の記録には「食事介助の時にむせることがある。食事を嚥下せずに口にためる癖がある」という記載が残されていた。

上記記載及びＡが目を見開き，手をだらんと下げた状態で発見されたのが朝食時であったことから，裁判所はＢ職員がＡが誤嚥を起こしたことについて予見することは可能であったと判断している。Ｂのケース記録は，Ａの嚥下能力については事実をそのまま詳細に記載しており，これに基づいて裁判所が事実認定をしたことは妥当と考えられる。

6 推奨される記録のつけ方

本件をもとに，本件のＹのような立場にある施設等はどのように記録をつけるべきであろうか。すでに上記で述べたとおり，本件から考えられる記録を付ける際のポイントは，①ある用語について，当該施設が使用している意味と一般で使用している意味が異なる場合，その用語を使用して記録を作成すべきではない，②記録には極力具体的な生の事実を記載し，評価が入ったり，さらに説明が必要な用語は使用しない，という２点にある。

①の点については本文中に記載の例を示したとおりである。ここまで極端な例ではないにしても，ある単語について，一般的な用語の理解と異なる意味で介護記録上で使用されてしまっている例は意外に存在する。

例えば，発熱を意味する「熱発」は，感染症法上は体温37.5度以上をいう。しかし，記録によってはあまりこの点は意識されず，場合により37.4度でも（特に平熱の低い人などの記録で）「熱発」と記載することもあるようである。このような記載は避けるべきである。

②の点については，以下のような例が考えられる。

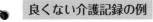

良くない介護記録の例

16時　職員Fが巡回した際，Gさんの顔色が悪い様子があった。具合が悪そうにしているので，H看護師に報告した。

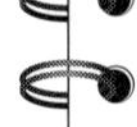

推奨される記録の例

16時　職員Fが巡回のため部屋に入ると，Gさんの顔色が蒼白で，唇だけが青紫色になっている。近くに寄ってみると微かに喘鳴が聞こえ，本人から「息苦しい」との訴えあり。H看護師に上記報告する。

コメント

上下の記述を比較すると，上の記述では具体的にGの顔色がどう悪いのかがわからない。「顔色が悪い」と言っても，青白い顔色なのか，赤い顔色なのか読み取れない。また，「具合が悪そう」というのも同様であって，具体的にどのようなことを訴えているのかは明らかにしておく必要がある。

下の記述のように記載しておけば，具体的にどのような異変かあったかを明らかにできる。

事例▶２

施設従業員が入所者への食事介助を行ったところ，入所者が食物の誤嚥により窒息死した事例

神戸地判平成 16 年４月 15 日（裁判所ウェブサイト）

ポイント

事故前の状況から誤嚥の兆候があったといえるか。事故時の食事の状況等から，誤嚥の可能性を認識することができたか

１ 事案の概要

Ｄ（亡くなった入所者）は，事故当時 82 歳の男性である。Ｄは，平成 11 年４月 13 日から，社会福祉法人Ｙ（被告）の経営する特別養護老人ホームＺに入所していた。Ａ（原告）はＤの妻であり，Ｂ及びＣはＤの子らである。Ｅ（被告）は，本件事故当時，Ｙの被用者としてＺに勤務していた。

事故前のＤの状況については，平成 11 年 11 月 10 日付で「最近，食事の際，むせることが多い」との記録があり，平成 11 年 11 月 14 日付で「最近，嚥下能力が低下しており，食事介助には注意が必要」との記録があり，平成 11 年 12 月 26 日付で「最近はむせることが少なく，昼食おやつとも全量摂取した」との記録があった。

平成 12 年３月３日，午前７時 40 分頃から，ＥはＤの食事介助をした。はじめに牛乳２口を吸いこみで介助し，その後パンを小さめ１口大にちぎって口の中に入れたが，Ｄはせき込んでパンを吹き出した。そこで，ヨーグルトを２口ないし３口スプーンで介助した。副食のレタスベーコン炒めは１口食べてむせたので，その後介助しなかった。パン粥をスプーンで一口介助したが，なかなか飲み込めず，しばらく口に溜めていたので，飲み込むようにうながすと，ようやく飲み込んだ。

その後，Ｅは他の入所者の介助をしながら，Ｄの様子をみたが，何らの

異変が見られなかった。他の仕事のため中断後，午前８時５分頃，食事介助を再開したが，Ｄが口を開けようとしなかったため介助せず，他の入所者の介助をしていたところ，急にＤが「ヒーヒー」と言い始め，顔面蒼白となった。

そのため，ＥはＤの体を前傾させて背中をたたいたが変わりがなく，医務室にＤを運び，看護師が吸引機で吸引したところ，パンらしきものが少量出たが，それ以上の異物は吸引できなかった。その後，人工呼吸や心臓マッサージをし，Ｄは一度自発呼吸を開始したが，すぐに停止した。Ｆ医師が到着して病院の救急室に搬送するよう指示し，搬送中及び救急室で心肺蘇生術を継続したが回復せず，午前８時40分にＦ医師により死亡と判断された。

Ｄの相続人であるＡ，Ｂ及びＣが，Ｅ及びＹに対し，不法行為及び使用者責任を理由として損害賠償を請求。

2 判決の内容

結論 原告の請求棄却。

理由 今回の誤嚥についてＥがＤの誤嚥の可能性を認識することは不可能であるなどとし，Ｅの注意義務違反を認めず，Ｙも責任を負わないと判断した。

3 争　点

【争点を考える上でのポイント】

(1) 誤嚥は発生する原因によって分類でき，分類により兆候や対策が異なる

(2) 事故前に今回の誤嚥の兆候があったといえるか

(3) 食事介助中にＤがパン粥を飲み込めない等という事態があっ

た場合に，今回の誤嚥を認識することができたか
(4)　誤嚥発生後の救急措置に落ち度があったといえるか

今回の裁判を理解する上での大きなポイントは，誤嚥を，その発生する原因（ここでは，どのような仕組みで誤嚥が生じたか）に従って２種類に区別をし，今回の誤嚥を，嚥下後に食塊が食道から逆流したことが原因で生じた誤嚥と認定している点である（この区別については後に詳述する）。そのうえで，過去の介護記録等から，今回の誤嚥について事故前の状況からこれを予測できたのか，事故時においても今回の誤嚥の可能性を認識できたのか，誤嚥発生後の救命措置に落ち度はあったか等を裁判所は詳細に検討している。

本件は，本件事故前からＤが食事中にむせること等があった事案であり，また，事故が起こったその食事介助中にも，パン粥を容易には飲み込めない等の一定の誤嚥の可能性を感じさせる事情もあった事案である。原告はこれらの事情を根拠の一つとし，食事介助をした被告Ｅは誤嚥を予測できたのであるから注意義務違反があると主張し，被告らがこれに反論している。

裁判所は，本件事故前に今回の誤嚥を予測することはできなかったとし，今回の事故当時においても，今回の誤嚥の可能性を認識することは不可能であって，その後の救命措置にも落ち度は認められないとし，原告の請求をいずれも退けている。

誤嚥による事故は，介護に携わる者にとっては，日々発生しかねない身近なものであり，かつ細心の注意が必要なものかと思われる。本件は，法的な観点から，誤嚥による事故を防ぐために，介護に携わる者としてどのような注意をすべきかが問題となったものであり，参考になる事案である。加えて，不幸にも事故が生じてしまった場合のことも想定し，介護に携わるものとして注意を尽くしていたことを裁判所に示すためには，どのような記録を残しておくべきかという観点からも，参考になる事案の一つであ

る。

4 提出された介護記録等

裁判所の事実認定から提出された介護記録を検討すると，まず，本件では裁判所による検証が行われており，同検証の結果が，多くの事実認定において反映されていることがわかる。

ここでいう検証とは，裁判所による証拠保全の手続で，病院や介護施設等に保管されている医療や介護に関する諸記録などにつき，裁判官及び裁判所書記官が当該施設に突然訪問し，施設保管の記録の提示を求めて検証し，コピーや写真などをとることで記録に残す手続である。施設に対して損害賠償などの請求をしようと考えた当事者（利用者やその相続人等）などにより，施設が管理している記録を保全する目的で，申立がされる手続である。

事実認定から推測すると，利用者であるＤが特別養護老人ホームＺに入所してから事故までの間に関しての，上記施設で保管されていたＤに関する記録がすべて保全されていると考えられる。この検証の手続において保全された，本件裁判の事実認定に用いられた証拠としては次のようなものがあると考えられる。

まず，裁判所は平成 11 年 1 月 30 日に肺炎にかかり入院したこと，その後，肺炎は改善したこと，他の疾患として，老人性痴呆症（注：現在は認知症）等があることなどの既往歴を認定している。判決文からは当該事実をどの記録から認定したかは明らかではないが，この認定は，通常，施設への入所の申込の際に申込者が記入する本人の既往歴などを記載した申込書や，従前入所していた施設や病院からの引き継がれた情報の記録などが施設に保管されており，検証によってそれが記録され証拠とされた可能性が高い。

また，裁判所は老人ホームＺに入所後，「平成 11 年 11 月 14 日，最近，嚥下能力が低下しており，食事介助には注意が必要」，「平成 11 年 12 月

26日，最近は，むせることが少なく，昼食おやつとも全量摂取した」などの状況があったと認定している。判決文からは当該事実をどの記録から認定したかは明らかではないが，通常，介護事業所においては日々のサービス提供時に，どのようなサービス提供中に，利用者にどのような反応があったのかなどを記録しており，本件でもそのような記録が施設に保管されており，検証によってそれが記録されて証拠とされた可能性が高い。

そして，検証により記録され証拠となったものに加え，今回の事故に関する証拠としては，次のようなものがあると考えられる。

裁判所は，誤嚥が発生するまでの経緯及び誤嚥発生後の救急措置について「午前７時40分ころから」「食事の介助を開始した。」「パンを小さめの１口大にちぎって口の中に入れたが，咳き込んでパンを吹き出した」「パン粥をスプーンで１口介助したが，なかなか飲み込めず，しばらく口の中に溜めていたので，飲み込むようにうながすと，少し口を動かしてようやく飲み込んだ」「午前８時８分頃，急に亡Ｄが「ヒーヒー」言い始め，顔面蒼白となった」「体を前傾させて背中をたたいた」「吸引機により吸引」し「人工呼吸をし」「心臓マッサージを」し「搬送中及び救急室で心肺蘇生術を継続しつつ挿管の準備をしたが」「Ｆ医師は亡Ｄが死亡したと判断した」などと認定している。

判決文からは当該事実をどの記録から認定したかは明らかではないが，この認定は，検証によって記録され証拠となったもの（事故当時の状況に関する報告等）に加え，食事の献立に関する資料，ケアプラン及び関連資料，吸引に使用された吸引機の写真，施設の部屋の間取り（食事中の位置関係や食事する場所から医務室までの位置関係等），誤嚥発生時のＤの供述，救急措置を担当した医師の供述などをもとにしていると考えられる。

5　判決の分析

この裁判では，利用者側の請求はすべて退けられ，施設側に責任はないとの結論が下されている。この裁判で結論を分けたポイントの一つは，前述の通り裁判所が誤嚥をその発生する原因によって２種類に分け，この件で生じた誤嚥をその一方と認定したことにある。この認定を導いたのは，時間的な要素や食事の順番や量なども含めた詳細な記録を，施設側が残していたことにある。以下で，詳述していく。

(1) 誤嚥の区別と今回の誤嚥の認定を導いたポイントについて

ア　誤嚥の区別

裁判所の誤嚥の区別は，次の通りである。

一つ目の誤嚥は，食塊が咽頭を通って食道に送り込まれるときに，本来閉じられているべき気管に通じるドアが閉鎖されていない状態であったため，食塊が気管に入ってしまって生じる誤嚥（以下，「一つ目の誤嚥」という。）である。この誤嚥は，嚥下反射（食塊が咽頭に入ったとき，気管に通じるドアと口に通じるドアが閉じ，食道へ通じるドアが開くというもの）がうまくいかないことから生じるものであり，嚥下反射が起こり食塊が飲み込まれて即時に誤嚥が生じる。

もう一つの誤嚥は，食塊が食道に送り込まれた後，本来は逆流しないように上食道括約筋と下食道括約筋が閉鎖するのであるが，その閉鎖が不完全である場合に生じる誤嚥（以下，「今回の誤嚥」という。）である。この誤嚥の場合に，外形的には嚥下反射は良好で，嚥下反射は起こり，食塊が飲み込まれて一定の時間が経過してから誤嚥が生じる。今回の誤嚥の特徴としては，食物がのどを通らない，食物が口にもどってくる，食べるとむせる，１口目はむせないのに，２，３口目になるとむせる，食べるとすぐ咳が出る，食事中や食後に咳が出る，肺炎を繰り返す，数口以上食べない，食後に呼吸が苦しいというものである。

イ　今回の誤嚥の認定を導いたポイント

裁判所はこの事故で生じた誤嚥を今回の誤嚥と認定しているが，今回の誤嚥と認定された大きなポイントは，亡Ｄが食べ物を嚥下した後に一定期間が経過して，窒息したという点である。この点については，今回の裁判の原告及び被告の主張において，争いがなかったと認定されている。争いがない結果となったのは，事故当時の状況につき，その時間的要素も含めた記録が残っており，嚥下後に一定時間が経過したことについては，争いが生じる余地がなかったためであろう。特に，Ｄが「ヒーヒー」と言い出した時間，吸引開始の時間，医師が到着した時間，及び医師により死亡が確認された時間は，両当事者ともに一致しており，食事介助が開始された時間も両当事者で10分程度の差がある程度となっている。時間的要素を含めて記録を残すことの大事さを痛感する認定である。

また，今回の誤嚥の認定におけるもう一つのポイントは，誤嚥した食べ物が，食塊となったパンないしパン粥であるという点である。この認定は，パンないしパン粥以外には，牛乳やヨーグルトを介助しているが，これらのものは，その性質上，食道に滞留することはないとの認定のうえでなされている。事故当時，何を，どのタイミングでどれだけ食べさせたのかについてまで，詳細に記録が残されていたことがポイントとなっているといえよう。

さらに，原告は「パンがゆを吸引ノズルにて多量吸引」との記録があることなどから，Ｅが亡Ｄに対して多量のパンないしパン粥を介助したことによって一つ目の誤嚥が生じていると主張しているが，裁判所はこれを退けている。その理由として，裁判所は，原告らの主張をもとにしても介助されたパンないしパン粥は４口程度であり，それを30分以上かけて摂取していることなどを挙げている。実際に介助された食べ物の量や食事の時間につき，施設側の責任を追及する側の立場からみても，４口程度を30分以上かけて介助したといえる記録となっており，介助された食事の量や時間を含めて記録が残っていたことがポイントとなっている。ただし，「パンがゆを吸引ノズルにて多量吸引」との記録において，「多量吸引」の実際の量が不明のもので，かつ，「多量」とあったことから，原告の上記主張を誘引していると考えられる。介護記録に量の要素を記入する際には，「多量」や「少量」等という記載ではなく，具体的な数量（こぶし大，親指程度など）

の記載が望ましいことがわかる。

以上をもとに，裁判所は，Ｅから介助されたパンないしパン粥を嚥下したものの，これが食道に残っており，後に呼吸と共に気管に流れ込み，これによって，窒息死したものと認められるとしている。

⑵ 裁判所が事故前に今回の誤嚥の兆候があったとはいえないと判断したポイントについて

裁判所は事故前のＤの状況について，「平成 11 年 11 月 14 日，最近，嚥下能力が低下しており，食事介助には注意が必要」とか，「平成 11 年 12 月 26 日，最近はむせることが少なく，昼食おやつとも全量摂取した」との記録を認定している。そのうえで，前述の今回の誤嚥の特徴があるといえる状況があったかを検討し，食べるとむせるという状況はあったものの，それには波があり，また，肺炎を繰り返すという状況ではなく，その他の症状は認められない，かえって食事を全量摂取することも多かったと認定したうえで，事故前に今回の誤嚥の兆候を認めることはできないとしている。

事故前から食べるとむせるという状況が認定されており，そこからは誤嚥の兆候ありとの認定になりそうである。しかし，前述の通り事故時の記録が時間的な要素も含めて詳細になされていたため，誤嚥の種類についての丁寧な認定を導くことができ，肺炎を繰り返すなどといった今回の誤嚥の特徴が認められなかったため，今回の誤嚥の兆候はなかったとの認定になっている。

⑶ 裁判所が食事介助中にＤがパン粥を飲み込めない等という事態があった本件でも，今回の誤嚥の可能性を認識できないと判断したポイントについて

裁判所は，事故時の食事介助中に，亡Ｄがパン粥を口に溜めこみ，なかなか飲み込めないという事態があったことを認定している。この認定からは，なかなか飲み込めないという事態がある以上，誤嚥の可能性を予測できたという認定になりそうである。

しかし，ここでも，今回の誤嚥については，このような事態があっても

誤嚥の可能性を認識できないとしている。裁判所はその理由を，今回の誤嚥を認識するためには，食事介助中に常に肺か頸部の呼吸音を聞く必要があり，もしくは嚥下造影することになるが，このようなことを病院でもない施設の職員Ｚに義務付けることは不可能を強いることになるとしている。ここでも，やはり今回の事故が今回の誤嚥により生じたことが結論を大きく分けている。

原告側からは，パンあるいはパン粥を飲み込めなかった以上食事を中止すべきであったのに，これを飲み込むようにうながしたことにより誤嚥が起こった可能性があるという主張や，仮に食事を継続する場合には，食事内容や食事性状の変更，体位変換，嚥下方法の工夫などを行うべきであったという主張がされている。しかし，裁判所は，これらがいずれも一つ目の誤嚥が生じないようにするためのものであるとして（逆に言えば今回の誤嚥が生じないようにするためのものではないとして），その主張を退けている。ここでも，事故が今回の誤嚥により生じたことが結論を大きく分けている。

⑷　誤嚥発生後の救急措置に落ち度があったといえるかについて，裁判所がなかったと判断したポイントについて

原告側からは，亡Ｄの窒息が始まった後，すぐに口の中に指を入れてかき回す（咽頭反射を引き起こして吐かせる），ハイムリッヒ法（横隔膜の圧迫によって詰まったものを吐かせる）を行うべきであったと主張されている。しかし，これについても，今回の誤嚥の場合には功を奏さないとして裁判所は否定している。

さらに原告側からは，窒息が始まった後，すぐに吸引をするといった措置を行うべきであったのに，すぐにしなかったと主張されている。これについて裁判所は，そもそもこの吸引が有効かも疑問であるとしたうえで，食堂と医務室の位置関係から，吸引の措置が遅きに失したとはいえないとしている。ここでも，吸引が有効かにつき，やはり今回の誤嚥であることから疑問が呈されていると考えられる。

⑸　まとめ

これまでみてきたように，この裁判では，誤嚥の区別と，今回の誤嚥と認定されたことが大きなポイントとなっている。その認定を導いた重要な介護記録としては，事故時の状況に関して，時間的な要素や食事の順番や量なども含めた詳細な記録を残していたことが有効であったことがわかる。日々の介護記録や，特に事故に関する記録については，どのような介護をしたのか，そのときの被介護者の反応がどのようなものであったかを記録するとともに，それが何時何分頃行われたのか，食事の介助であれば何をどの程度の量，どのような順番で介助したのかまで含め，きちんと残すことが重要と言える。

また，⑴アで記載した裁判所が今回の誤嚥の特徴としている状況が利用者に生じていた場合には，施設側としては一つ目の誤嚥に対する注意だけでなく，今回の誤嚥に対する注意や対策が必要であるということである。利用者の上記状況を医療機関に相談するなどし，今回の誤嚥が生じないためにどのような対策をとることができるのかを検討したり，本人の状況について家族と共有したりなどの対応が望まれる。

6　推奨される記録のつけ方

今回の裁判から，Ｙの立場にある介護事業者は，どのような記録をつけるべきか。そのポイントは，時間的な要素や食事の順番や量などを盛り込むとともに，誤嚥の場合には，どの誤嚥にあたるのかがわかるような記録にすることである。この観点からすると，以下のような記録が推奨される。

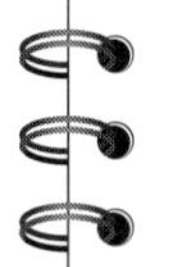

良くない介護記録の例

○月○日

13時頃より食事を開始する。パンを１口，牛乳を１口，ヨーグルトを１口食べたが，その後もう１口パンを差し出しても本人が嫌がって食べず，本人が突然苦しみだした。

推奨される記録の例

○月○日

13 時 15 分頃　食事開始

まず牛乳を１口飲ませ，次にヨーグルトを１口介助。

さらにパンを１口介助したが本人はなかなか飲み込めず，時間をかけてようやく飲み込む。

その後は嫌がって食べず。

13 時 45 分頃　本人の様子を観察したが，異変は見られなかったため食事介助を再開。パンをもう１口差し出すも嫌がって食べず。

→突然苦しみだした。

コメント

上記二つの記載を比較するとわかるとおり，書かれている出来事自体は基本的には同じである。しかし，上の記載は，いつ食べ物を飲み込み，いつ苦しみだしたかが不明になっているが，下の記録では，何をどれだけ食べて，いつ苦しみだしたのか，食べてから異変があるまでに本人の観察ができていたのかがわかる記録になっており，二つ目の記録であればこの裁判でいう今回の誤嚥であることがわかるが，一つ目の記録では一つ目の誤嚥か今回の誤嚥かが判定し難いことになる。

良くない介護記録の例

○月○日

13時頃より食事を開始する。パン，ヨーグルトを食べ，牛乳を飲んだが，本人が突然苦しみだした。

推奨される記録の例

○月○日

13時15分頃より食事介助を開始した。最初に牛乳を１口飲み，ヨーグルトを１口食べた。その後，パンをもう１口差し出しても，本人が嫌がって食べなかったため，しばらく時間をおき，本人の様子を観察したが，異変は見られなかった。13時45分頃，食事介助を再開し，パンをもう１口差し出したところ，本人はこれを食べたが，なかなか飲み込めず，飲み込んだ直後に苦しみだした。

コメント

上記記録を比較すると，やはり書かれている出来事自体は同じである。しかし，後者であれば，いつ，何を食べ，苦しみだしたタイミングがいつか，苦しみだした直前に食べたものが何かなどがわかる記録になっており，今回の裁判でいう一つ目の誤嚥と認定されやすい内容となっている。

事例▶3

入院中の80歳の男性がおにぎりを誤嚥し，意識不明の状態に陥り，約９か月後に死亡した事例

福岡地判平成19年６月26日（判タ1277号306頁）

ポイント

義歯を必要とする高齢者に義歯をさせないまま食事をさせ，誤嚥を起こしたことについて予見可能性があるか。また，誤嚥を避けるために見守りをする義務があったか

1　事案の概要

原告Ｘの父Ａは，本件誤嚥事故（平成15年12月12日）当時80歳の男性であった。Ａは認知症，前立腺肥大，高血圧などの既往症を有し，平成12年３月10日から介護老人保健施設Ｂ荘に入所していたが，食欲不振及び発熱のため，平成15年10月30日に被告病院（Ｙ１）に入院し，尿路感染症，誤嚥性肺炎，認知症，高血圧，前立腺肥大症などと診断され，治療を受けた。Ａは，同年11月７日，肺炎や炎症が改善したため，被告病院を退院して再度Ｂ荘に入所した。

Ａは，その後も発熱や食欲不振が続き，同月27日，食欲低下改善のためＣ病院に入院したが，同年12月２日に，食欲低下が続いたため，再度被告病院の個室に入院した（本件入院）。

Ａの本件入院後，被告病院では，尿路感染症と診断し，抗生剤を投与するなどの治療をしたところ，同月７日頃発熱も治まり，同月10日頃腹部症状も改善して，同月11日頃腹痛や膨満感も見られなくなった。そのため，同医師は，同月16日頃から経過観察をしながら転院先の病院を探していたが，適当な病院が見つからない状況であった。

その間，Ａの症状について経過観察が続けられたが，さして変化しない

まま推移していた。Aは，本件入院前から食欲低下の状態にあったが，本件入院後も，病院食をさして食べない状況が続いていた。

Aは，歯の欠損が多く上下とも義歯を装着していたが，義歯が合っていなかったため，平成16年1月9日，D歯科医の診察を受け，保存不可能な歯牙を抜歯した上で上下義歯を新たに作製することとなった。その際，看護日誌には「左上歯銀歯グラツキあり。食事摂取時は必ず義歯装着のこと。誤嚥危険大」と記載された。

同月12日，被告Y2は，担当看護師としてAに夕食としておにぎりを提供したが，その際，Aに義歯を装着しなかった。

ところが，その後，Y2がAの病室を離れている間に，Aは，おにぎりを誤嚥して窒息し，心肺停止状態となり，蘇生処置が行われたが意識が回復しなかった。

Aは，意識が回復しないまま同年10月10日，呼吸不全にて死亡した。

原告Xは，看護師Y2に対し，不法行為に基づく損害賠償を，被告病院を経営していた福岡県（Y1）に対し，不法行為（使用者責任）あるいは債務不履行に基づく損害賠償を求めて提訴した。

2 判決の内容

結論 原告の請求認容（請求に比べると減額）。

理由 被告Y2は，約30分間もAの病室を離れており，Aが誤嚥しないよう見守る義務を怠った過失があるので，損害賠償責任を負う。

3 争　点

【争点を考える上でのポイント】

(1) Aにおにぎりを食べさせたことに過失があるか

(2) Aに義歯を装着させなかったことに過失があるか

⑶　Ａが誤嚥しないよう見守る義務を怠った過失があるか
⑷　損害額はいくらか

⑴　Ａにおにぎりを食べさせたことに過失があるか

前提として，Ａに嚥下障害があったか否かを被告側は争ったが，被告病院に前回入院した時，Ｂ荘から，「ムセ多いため，見守りを要す。誤嚥の危険性あり」との申し送りがなされたこと，本件入院後も，看護プランにおいて，「誤嚥のリスク状態」が看護目標とされていたこと等から，裁判所は嚥下障害があったと判断した。

ただ，嚥下障害の程度は軽いものであったと判断した。

「おにぎり」については，常食であり，「パン，全粥，麺類」に比べて，嚥下障害のある患者に提供するのに適した食物ではないとした。

しかし，Ａが本件嚥下事故前に，深刻な食欲不振状態にあり，それを打開するために，Ａが希望する食物（食欲がわく食物）を提供する必要があった。

Ａの希望に基づき，本件事故の２週間前からおにぎりが提供され，Ａは，むせることなくおにぎりを食べていた。

また，本件事故日の朝に，Ａは，義歯なしでパンを食べ，むせなかった。

Ｄ歯科医も，Ａが義歯なしでおにぎりを食べることは，健常者に比べて支障があるが，可能であると述べている。

よって，裁判所は，被告病院が，Ａに対し，嚥下しやすい工夫がされていないおにぎりを提供したことは，適当ではなかったといわざるを得ないが，直ちに過失とまで断じることはできないと判断した。

⑵　Ａに義歯を装着させなかったことに過失があるか

Ａは，本件事故当時，義歯が必要と診断されており，義歯が装着されなければ，誤嚥の危険性が高まるので，食事の時には必ず義歯を装着するよう指示されていた。

被告側は，本件事故前にＡが義歯なしでパンを食べたことを理由に，誤嚥の危険性がなかったと主張したが，裁判所は，これを否定した。

しかし，義歯装着により痛みを感じることや，装着が容易でなかったことから，Ａが装着を嫌がり，義歯をしないまま食事をとることが多く，被告病院としては，強制できない状態であった。

このため，被告病院がＡに義歯を装着させなかったことにつき，裁判所は，過失があったとはいえないと判断した。

⑶　Ａが誤嚥しないよう見守る義務を怠った過失があるか

まず，裁判所は，被告病院がおにぎりを提供したこと，義歯を装着させないままおにぎりを食べさせたことにより，義歯を装着した状態よりも誤嚥の危険性が高まっており，被告病院には，Ａが誤嚥しないようにその摂食状況をより一層注意して見守る義務があったと述べている。

そして，被告Ｙ２（担当看護師）がＡにおにぎりを提供してから，Ａの病室を離れて，戻ったのが５分後か（原告主張），30分後か（被告主張），事実認定上争いとなった。詳細は省略するが，被告Ｙ２の供述があいまいで変遷していることや，客観的記録との整合性から，Ｙ２が病室を離れたのは約30分間であったと裁判所は認定した。

その上で，本件では，病室を離れたのが仮に５分であっても不適当であり，より短い時間で病室へ戻るべきであったと判断し，被告の過失を認定した。

⑷　損害額はいくらか

適正な慰謝料（本人及び家族の固有の慰謝料）の金額・逸失利益（生活費控除率）に争いがあり，裁判所の判断は一部認容となった。詳細は省略する。

4　判決の分析

誤嚥事故の訴訟においては，まず，食べ物の選択が間違っていなかったか，問題となることがある。本件においては，まさにこの点がまず問題となっている。

本件においては，Ａは，本件事故前の入院時には，それまで入所していたＢ荘から，「主食は全粥，副食はキザミ食であり，自力摂取可能」と伝えられていた。

被告病院の看護日誌によれば，入院当初は，看護プランにおいて，「七分粥（ご飯７割水３割）をミキサーにかけ，とろみ食を混ぜたもの」を提供することになっていた。その後，看護プランにおいて，「五分粥（ご飯５割水５割）をミキサーにかけ，とろみ食を混ぜたもの」を提供することに変更された。

しかし，Ａは，本件事故前，深刻な食欲不振に陥っており，誤嚥の危険性も考慮しつつ，本人の食欲を促すために，本人が希望するものを食べさせようといろいろなものが提供され，Ａは，パン粥・パン・まんじゅう・チョコレート・果物・ゼリーなどを自力で食べたことが認められている。また，食欲不振に対し，本人の希望を尊重し，朝食がパン食に変更されたこともあった。その後，同様に食欲不振に対応し，昼食と夕食の主食がおにぎりに変更され，何度かおにぎりを食べていて，家族が食べさせることもあった。

このような事情から，裁判所は，本件で，おにぎりを食べさせること自体が，それだけで過失となる，という判断はしていない。もっとも，裁判所は，嚥下しやすい工夫が何もなされていないおにぎりを提供することは，「適当ではなかったといわざるを得ない」と指摘している。

このように，食べ物の選択については，単に看護プランで定められていた等の形式的な基準だけではなく，本件のように，食欲不振等の事情や，実際に何が提供されていたか，家族が食べさせていたもの等，いろいろな事情を考慮して判断されている。日々の食事の状況を記録しておくことが重要であることは，論を待たない。

また，本件では，義歯を装着させなかったことにも過失があったか否か争いとなったが，この点は，特殊な事情であり，Ａ本人が義歯を拒否した場合には，記録をしておくことが望ましい。

本件では，Ａが誤嚥しないかどうか見守る行為に過失がなかったか否か

（見守る義務に違反したか否か）が，最大の争点となり，看護師がAの食事中，どの程度の時間，不在にしたかが最終的には尋問により判断された。

そして，看護師側の主張（5分間不在にしたとの主張）が，供述の変化や，看護日誌の記載（不自然な訂正）を根拠に否定され，30分間不在にしたと認定された。

尋問における供述の信用性判断においても，看護日誌等の客観的記録は極めて重要であり，裁判の結論を左右する場合があることに留意すべきである。

5 推奨される記録のつけ方

事例12の裁判例（横浜地判平成17年3月22日）でも言及するが，本人に介護拒否等があり，やむを得ず適切とされる手段を取らない（本件でいえば，義歯を装着しないこと）場合，そうなるに至った事情を記録に残す必要がある。その際は，適切とされる手段を取らなかったという事実だけでなく，そうなるに至った事情をきちんと記録に残す必要がある。

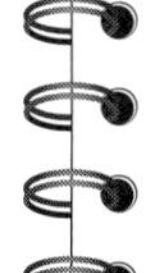

推奨される記録の例

義歯を付けようとすると，「痛いから付けたくない」との話がある。歯科医師から食事の際には義歯を付けるように言われている旨説得し，義歯を付けてもらうが，職員が目を離した際に外してしまう。なぜ義歯を外してしまったのか聞くと，同様に「痛いから付けたくない」という話を繰り返す。

事例▶4

介護老人保健施設に入所中の86歳の男性がまぐろなどの刺身を誤嚥して窒息し，約４か月後に死亡した事例

水戸地判平成23年６月16日（判時2122号109頁）

ポイント

Ａの嚥下障害の状況からして，誤嚥が予想できるか

1 事案の概要

原告Ｘ１，Ｘ２，Ｘ３の父Ａは，本件誤嚥事故（当時平成16年11月３日）86歳の男性であった。

Ａは，昭和53年に退職するまで公務員として勤務し，退職後は平成５年頃までＢ事務所を開業していた。Ａは，被告Ｙ（医療法人）が経営するＪ病院において，平成２年２月に脳血栓症，高血圧症による治療を受け，平成10年頃からパーキンソン症候群の症状が出始め，投薬治療を受けた。

Ａは，妻Ｃ（平成15年８月に入院し，平成16年11月21日に死亡），長男Ｘ１及びＸ１の妻Ｄと同居していた。

平成12年頃からＡのパーキンソン症候群の症状が進み，通常食を摂れない状態となり，ＣとＤはＡにお粥と細かく刻んだおかずを与え，平成14年頃からお粥とミキサーでペースト状にしたおかずを与えるようになった。

平成15年頃，Ａの病状が進み，妻Ｂの入院もあり，在宅でＡの面倒を見ることが困難になっていたところ，平成15年８月22日，Ａは脱水症状のため意識を失い，自宅から救急車でＪ病院に搬送された。Ａは，Ｊ病院において点滴を受け，同日中に退院可能な状態となったが，Ｘ１とＢは，同日，ＡをＪ病院に隣接し，被告Ｙ（医療法人）が経営する介護老人保健

施設Ｋセンターに入所させることと決めた。

Ｋセンターでは，Ａに対し，月に１回程度寿司を，月に１回程度刺身を，２か月に１回程度うなぎを，２か月に１回程度ねぎとろを，それぞれ提供した。本件事故前に，これらの常食が提供されたのは約１年間で35回であった。Ａは，これらを１度を除き全部食べ，嚥下にも問題は発生しなかった。

上記の４品目以外は，Ａに対しては，全粥ときざみ食やペースト食が提供されていた。

このような状況の中で，平成16年11月３日昼頃，Ｋセンターから昼食として刺身を提供され，食べていたところ，誤嚥を起こし，入院したＡは，意識が回復しないまま，平成17年３月17日，心不全により死亡した。

原告３名は，当該介護老人保健施設を経営する被告医療法人Ｙに対し，不法行為に基づく損害賠償あるいは債務不履行に基づく損害賠償を求めて提訴した。

2 判決の内容

結論 原告の請求認容（請求に比べると減額）。

理由 被告は，嚥下障害があったＡに対し，筋があり誤嚥しやすいまぐろなどの刺身を常食として提供し，Ａが誤嚥しないよう安全性に配慮する義務を怠った過失があるので，損害賠償責任を負う。

3 争　点

【争点を考える上でのポイント】

⑴　Ａにまぐろなどの刺身を提供したことに過失があるか

⑵　Ａが誤嚥しないよう見守る義務を怠った過失があるか

⑶　損害額はいくらか

(4)　過失相殺はあるか

(1)　Aにまぐろなどの刺身を食べさせたことに過失があるか

被告は，Aが自力での接触が可能な状態であり，むせもなく，刺身等の常食を強く希望したことから，常食を提供したが，35回食べて異常がなかったことから，常食を提供したことに過失はなかったと主張した。

また，ケアプラン変更の際，被告は，Dに対し，常食提供について同意を得たと主張した。

しかし，原告側はこの主張を否定し，尋問等の結果，Dが同意していたという主張は認められなかった。

裁判所は，ケアプランの内容や，これまでの経緯などから，Aには誤嚥の危険性があったと判断した。

そして，健常人が食べるものとそれほど変わらない大きさの刺身を，特に嚥下しやすくする工夫もなく提供したこと，まぐろは筋がある場合には咀嚼しにくく，かみ切れないこともあることから，Kセンターが，Aに対し，まぐろを含む刺身を提供したことには過失があったと判断した。

(2)　Aが誤嚥しないよう見守る義務を怠った過失があるか

裁判所は，(1)記載のとおり，Aにまぐろなどの刺身を提供したこと自体につき，過失を認めた。

よって，その後の見守り行為及び救護行為についての過失の有無を判断するまでもなく，被告に損害賠償責任が認められるとして，見守り・救護に関しての過失の有無については判断する必要がないとした。

(3)　損害額はいくらか

適正な慰謝料の金額に争いがあり，裁判所の判断は一部認容となった。

(4)　Aに過失相殺はあるか（自ら刺身等の常食を希望した点など）

被告は，Aが自ら刺身などの提供を希望したとの理由で，過失相殺により損害賠償が減らされるべきと主張した。

しかし，裁判所は，Aが認知症で十分な判断力を有していなかったとして，過失相殺による損害賠償額の減少を認めなかった。

4 提出された記録等

本件では，判決で多数の記録が引用されており，かなり多くの記録が証拠提出されているものと思われる。

まず，AがKセンターに入所した際の入所時ケアプランに基づく施設サービス計画書，入所後の経過を見ながら修正された施設サービス計画書及び当該ケアプランを実行した後に作成された，ケアプランの評価表が証拠提出されている。また，現実に日々作成されている看護記録が提出されている。上記は，Kセンターの職員が作成したものである。

その他，Aは介護保険を利用していたと考えられ，認定調査票が証拠提出されている。当該認定調査票はAの介護保険の更新の際に，Aのケアマネジャーにより作成されたものと考えられる。さらに，Aは定期的に認知症の検査（長谷川式簡易知能評価スケール。認知症を見分けるためのテストであり，30点満点。一般的に，20点を下回ると認知症があると判断される）を受けており，当該認知症の検査結果が証拠提出されている。

5 判決の分析

本件のような誤嚥事故の訴訟においては，誤嚥しやすい食べ物の選択自体が過失にあたらないかが，問題となりうるが，本件は，まさにこの点が大きな争点となった。結論としては，裁判所は，刺身，特にまぐろの刺身は筋が多く誤嚥しやすい食べ物であること，刺身に対し嚥下しやすくなる工夫をしていないことも考慮し，食べ物の選択自体に過失があったと認定した（なお，後述のように食事の際にAを見守っていないこと自体については，Kセンターの過失を判断していない）。

「事案の概要」で述べたとおり，本件では，Aの入所時に，家族から「全粥きざみ食」の希望があったこと，入所時ケアプランでは，「全粥ペー

スト　トロミ×５」と定められたことが記録されており，裁判所からも同様に認定されている。入所後のケアプラン見直しの際も，「全粥ペースト」が変更されたことは記録されていない。

同日のＫセンターの支援相談員Ｌの記録（明確な記載はないが，入所時のケアプランの一部であると推測される）によると，利用希望者の状況〈３〉欄の食事摂取には「自立」に印が付けられ，「手の振え（+），食べこぼし（+）」と記載され，食事内容には「全粥きざみ食」に印が付けられ，利用希望者・家族の状況〈８〉施設に対する希望などの欄の食事については「全粥きざみ食」と記載されている。

Ａの入所時（平成15年８月25日），Ｌが入所時ケアプランを作成した。同ケアプランの観察欄には「誤飲，誤嚥」と，食事欄には「全粥ペースト　トロミ×５」と，問題欄には「＃１．パーキンソン病である　＃２．ムセが見られる（頭部後屈による誤嚥）　＃３．筋力低下」と，ケア項目欄には「〔１〕食事時誤飲がないように注意する　〔２〕トロミ×５　摂取　〔３〕食事は，全介助とし，前屈姿勢で摂取させる。」とそれぞれ記載されていた。

上記記載からすると，ＡはＫセンター入所の時点でかなりの程度嚥下能力が低下していたと考えられ，施設職員は特にＡの誤嚥に注意すべきであったということが読み取れる。

同年９月12日には入所時ケアプランの見直しが行われている。新たなケアプランにも，⑴の利用者及び家族の介護に対する意向欄には「嚥下機能の低下が見られる。」などと，総合的な援助の方針欄には「誤嚥による肺炎や転倒など」「十分配慮する」などとそれぞれ記載されていた。また，⑵の生活全般の解決すべき課題（ニーズ）欄には，課題番号１として「嚥下障害があり食事や水分摂取時にムセが見られる。誤嚥の危険性が高い」などと，援助内容欄のサービス内容には「食事は全粥ペースト　水分はトロミを提供する」，「食事中の様子観察，ムセがないか確認する」などとそれぞれ記載された。⑵の下欄には「Ｄ」の署名押印があった。

さらに，提出された看護記録中にも，しばしば「ムセ（食事中にむせたことを意味する)」が登場する上，平成16年1月28日の記録には「みかんがのどに詰まっている」とＡが訴え，吸引した旨の記載も登場する。

上記記録は判決にかなりの程度影響していると考えられる。ここまで上げたケアプランからすると，Ａについてはかなり誤嚥の危険性が高い状態であったといえ，Ｋセンターとすれば，Ａの誤嚥には注意すべき状態であったといえる。

ＫセンターでＡに対し刺身が提供された経緯に関しては，被告側の主張によれば，１回目と２回目のケアプラン変更の間である平成15年10月21日，Ｋセンターの施設長であるＭ医師が，Ａが「刺身とうなぎについて，常食で提供して欲しい」と希望していると聞き，Ａの摂食状態がいいというので，刺身・寿司・うなぎ・ねぎとろの４品目を，常食でＡに提供することにしたというものである。この際，Ｍ医師は，ケアプラン変更も行わず，支援相談員Ｌにも相談しなかった（通常，施設では，食事の変更はＬに相談していた)。実際，提出されたケアプランの記載からは，そのころケアプランが変更された旨は読み取れない。

このＭ医師の判断をどのように評価するかは難しいところである。あるいは，Ｍ医師が医学的見地に基づいて常食での刺身等の提供が可能であると評価したことが記録に残っていれば（つまり，ケアプランを変更したのであれば)，本件の予測可能性の判断に影響を与えた可能性がないとは言い切れないであろう。

被告側では，刺身や寿司などの常食提供が合計35回行われ，嚥下障害が起きなかったことから，刺身を提供したことに過失はなかったと主張したが，裁判所は，「合計35回嚥下障害が起きなかったことは単なる結果論」として，この主張を認めなかった。

また，被告側では，常食提供に家族の同意があったと主張したが，裁判所には認められなかった。記録上は，「全粥ペースト」を定めたケアプランの計画書にＤの署名押印があり，一方で，常食提供を家族が了解したとの記録はなかった。

なお，Ｋセンター職員の見守り行為に過失があったか否かは，前述のとおり裁判所は判断しなかった。双方の主張を見ると，原告側は，誤嚥の危険性のあるＡの食事中は，Ｋセンターは，誤嚥がないか付き添って見守り，誤嚥が発生した時は，即座に介入できる態勢をとる必要があったと主張した。原告側は，さらに，本件事故日には休日であり，Ｋセンターでは介護者が少なく，Ａの食事中，Ａが刺身をまるごと飲み込んだことに気づかなかったことから，Ａの見守りについて過失があったと主張した。これに対し，被告側は，本件事故時には，介護職員５～６名が，90名の入居者の食事を巡回しながら見守っていたのであり，誤嚥事故発生直後にＡの誤嚥を発見し，迅速・適切な対応をしたと主張した。

誤嚥の発見後すぐ看護師が吸引等の措置をしていること，発見から５分後には，隣接する病院の医師が駆けつけていること等から，誤嚥発見後の救護行為に過失が認められる可能性は低いが，本件見守り行為の過失の有無については判断が難しく，ここでは論点を整理するだけにとどめた。

上記に加え，本件ではＡ自身が常食での提供を希望したことから，Ｙ側から過失相殺の主張がなされている。しかし，Ａの長谷川式簡易知能評価スケールの点数は，平成15年９月14日に11点，平成15年12月15日に18点，平成16年３月14日に23点，平成16年６月14日に７点，平成16年９月14日に８点であった。このように，Ａは，認知症による判断力低下が否定できない状態であった。

上記の結果から，裁判所は「Ａは認知症であり，自らの常食の申し出による結果がどうなるかを判断できない状態であった」として過失相殺を認めていない。

6　推奨される記録のつけ方

本件においては，Ａの様々な介護記録からＡには誤嚥の危険があったことが認定されている。判決文での引用を見る限り，本件のＫセンターの記録はかなり詳細に作成されていたものと思われ，事実認定に使用できる理想的なものであったと思われる。

例えば，判決文中で引用されているケアプランを一例とすれば，

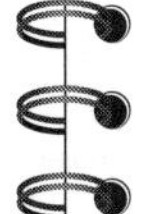

推奨される記録の例

食事中の様子を観察し，ムセや食べこぼしがないか確認する。水分補給やおやつの時も同様，配ったままにせず，必ず食べ終わるまで付き添う。

とされている。往々にして見られる記録は

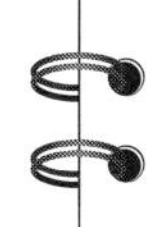

良くない介護記録の例

ムセ，誤嚥に注意する。

とだけ記載されていることが多い。上記のような記載では，仮に事故が起きた際に，「結局，施設職員は誤嚥防止のために，日ごろどのような介護をしたのか」が明らかにならないことが多い。「具体的に何をすべきか」については，しっかりとケアプラン等に記載しておくべきである。

転倒・転落

事例▶5

高齢の入院患者が歩行器具を用いたリハビリ中に転倒，骨折した事例

東京地判平成 10 年 2 月 24 日（判タ 1015 号 222 頁）

ポイント

病院はＸのリハビリに際して適切な説明・指導を行ったといえるか否か

1　事案の概要

Ｘ（原告）は事故当時 81 歳の女性である。Ｘは平成６年 10 月 26 日に自宅で転倒し，腰を強打し，Ｙ（被告）の運営する病院の救急外来を受診し，そのまま同院の整形外科に入院することとなった。

Ｘは，同年 10 月 31 日からリハビリを開始し，同年 11 月２日からは，病棟内において，職員の監視付きで歩行補助具である「ローレーター」を使った歩行訓練を開始した。

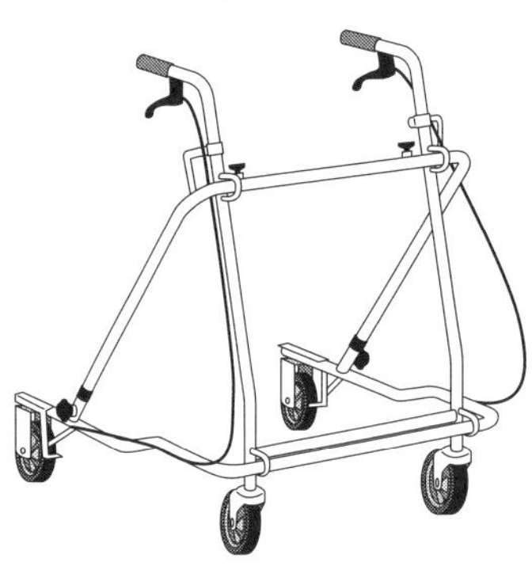

▲ローレーター

Ｘは，同月８日からローレーターによる自立歩行（見守りなしで，器具を使用して自由に歩行を行う）が可能と判断され，自立歩行を開始した。しかし，その直後の同月９日，Ｘはローレーターとともに横転し，両膝と右手を打った（以下，

「第１転倒」という。具体的な転倒状況は不明。)。その際には，Ｘに怪我はなく，その後もローレーターによる自立歩行訓練が行われた。

同月16日午後４時過ぎころ，Ｘは病室内でローレーターとともに転倒し，左上腕骨頚部を骨折した（以下，「第２転倒」という。具体的な転倒状況は不明。)。

ＸがＹを被告とし，①ローレーターの器具の選択を誤ったこと，②ローレーターの使用方法の説明・指導・訓練が不足していたこと，③ローレーターの使用判断を誤ったこと，を理由に，不法行為あるいは債務不履行を理由として損害賠償を請求。

2 判決の内容

結論 原告の請求棄却。

理由 Ｘの治療状況及びリハビリの状況からみて，ローレーターの使用判断に誤りはなく，説明義務違反等もないと判断した。

3 争　点

【争点を考える上でのポイント】

(1) 予見可能性と結果回避義務違反の枠組み
(2) リハビリ内容としてローレーター使用の判断は適切であったか
(3) ローレーターの使用方法について適切な説明・指導がなされたか
(4) 第１転倒後のローレーター使用判断は適切であったか否か

(1) Ｘは，リハビリ期間中，ローレーターを使用している際に転倒している。そうであれば，ＹにとってＸの転倒を全く予見できないということは通常考えられないため（院内で勝手に他人のリハビリ器具を使用して転倒したような事案と比較），予見可能性の点よりも，Ｘの転倒による受傷という結果を回避することができなかったのか，結果回避義務違反が主戦場として争われることになる（法律構成としては債務不履行及び不法行為が考えられる。）。

⑵　本件において，Ｘのリハビリ内容としてローレーター使用の判断がなされている。このように，医療機関の指示に従って何らかの器具の使用が選択されている場合，当該器具の選択の判断が適切であったか否かが争われることになる。

⑶　加えて，器具の選択が正しかったとしても，医療機関は，実際に使用する者に対して当該器具を用法に従った正しい方法で使用できるよう十分な説明・指導をしなければならない。

⑷　本件の特殊性として，受傷の直接原因となった第２転倒の前に，Ｘは同じローレーターを使用中に転倒している。そうすると，Ｙ側としては，第１転倒によってＸのローレーター使用についてリスクが顕在化していたのであるから，第１転倒を受けて通常よりも一段高い結果回避義務を負うことになると考えられる。第１転倒後のＹ側の対応についても注目されなければならない。

⑸　本件では，いずれもＹの行った判断・対応に結果回避義務違反はないとされた。

4　提出された医療記録等

⑴　証拠の種類

裁判所の事実認定を見ていくと，裁判所はＸの治療（リハビリ）の経過を重視し，Ｘの回復状況やＸとの具体的なやりとりについて認定がなされている。判決文上明確ではないが，当然に診療記録やリハビリ計画表等が証拠として提出されたものと考えられる。言うまでもなく，これらについては，Ｙ側で保有しているＸの個人情報であるから，Ｘとしては，裁判前の段階でＹに対し開示請求を行い，検討し，Ｙの過失内容を可能な限り具体的に特定することが重要である（近時ではあまり考えられないが，開示請求に応じない，又は開示までに必要以上に時間がかかるような場合は，証拠保全も検討する必要がある。）。

また，上記記録を補充する証拠として，看護師等病院の職員の陳述書及び証人尋問が複数採用されていたようである。

さらに，裁判所がローレーターについて詳細な認定を行っていることから，「器具自体の形状や性質」が判断の大きなポイントとなっていることが指摘できるだろう。

5 判決の分析

以下，上述した争点ごとに分析を試みたい。

(1) ローレーターの形状・性質

ローレーターはその形状及び機能が単純であり，比較的安全で歩行リハビリの際に一般的に用いられる器具であるといえるため，医療機関が歩行リハビリに際し，ローレーターの使用を選択したこと自体に過失が認められることはほぼ無いと考えられる。もっとも，本件では，Ｘに貸与されたローレーターが３輪であった（Ｘの主張）のか４輪であった（Ｙの主張）のかが争われており，Ｘが高齢者であることを考慮すると，Ｙがより安定性の高い４輪の物を選択すべきであったのに（かつ４輪の貸与が可能であったのに）３輪の物を貸与したという事実が認定されれば，Ｙの過失が認定された可能性はある。

ローレーターのような単純な機能を備えた器具の使用が問題となり得る場面があるとすれば，リハビリ計画において導入する時期の判断に誤りがあるか否かということであろう。本件では，Ｘの回復状況を踏まえ，まずは見守り付きでローレーターを使用し，次に自立歩行の際に見守りなしでローレーター使用という段階を踏んでいることが重視され，ローレーター導入時期は適切であったとしている。

反対に，特殊な形状を有する器具や，一般的に用いられない器具をあえて選択したような場合は，なぜその器具を選択したのか，合理的な判断であったのか否かが問われることになろう。

さらに，本件で指摘できる点としては，Ｘの使用していたローレーターが３輪であったのか４輪であったのかについて，判決が各証人の証言の信用性を検討した上で４輪の物であったと認定されている点である。これは，貸与されたローレーターが３輪であったのか４輪であったのかという極めて基本的な事項についてＹ側において決定的となる客観的証拠が提出できていなかったことを意味している。患者や利用者に対して貸与した器具については，それぞれの器具に割り振られているであろう管理番号等をしっかりと記録に残しておくことが重要である。記録及び報告書の作成時において「当然の前提」となる事項が無意識に省略されてしまいやすいという教訓を得ることができる例である。

⑵　ローレーターの説明・指導・訓練

判決は，ローレーターは，押せば動くという以外の機能はなく，使用方法はその形状から容易に認識し得るものであるとして，特別の説明や指導については不要であると判断しており，あまり強く押すと体から離れてしまうことや無理に本体を回転させてはいけないといった指導でもって足りるとしている。そして，前述のように見守りをした上でのローレーター使用状況を踏まえて自立歩行でのローレーター使用が可能との判断に至っているのであるから，Ｘに対する説明や指導・訓練が不足であったとはいえず，その判断に誤りがあったとはいえないとしている。

逆にいえば，特殊な操作方法が必要となる器具については，十分な説明・指導・訓練が求められることになろう。そして，その場合はさらに，一方的な説明・指導のみでは足りず，その説明・指導が患者・利用者に理解され，実践できるかどうかを確認し，訓練するということまでして初めて過失がないということになろう。

本件でＸは高齢であるが，その判断能力については特段触れられていない。そのため，Xの判断能力には問題がないことが前提となっている。しかし，Xの判断能力に疑問がある場合は，単純な器具の使用であってもXの理解を確認する必要が出てくる。場合によっては，リハビリの効果としてはより複雑な器具の使用が奨励されるが，Xの理解力を踏まえた上で，あえて効果は低いものの理解が容易な器具を選択するというようなことも検討すべきである。

(3) 第1転倒を踏まえた結果回避義務

判決では，第1転倒後，

① 転倒原因についてXが明確に回答できなかったことから，看護師がローレーターのキャスターが，室内の障害物に引っかかったことが原因であろうと推測し，室内において障害物となり得る物を整理するなどしたこと

② その上で引き続きローレーターによる自立歩行訓練を行い，経過も順調であり，退院後における家での生活を見据えて，T字杖を使用した歩行訓練も行われていたこと

③ X自身も煙草を吸うためローレーターを使用し病室からロビーまで自由に歩行していたこと

等の事実を認定した上で，Yの過失はなしと判断された。

このように，本件で裁判所が拠り所とした事実は，第1転倒後にYが具体的に行った対策とその対策後のXの具体的様子である。すなわち，第1転倒の原因は突き止められなかったものの，Y側において原因を推測し，取り得る対策を講じており（①），Xの側も第1転倒後もローレーターの使用に慎重になることなく，Y側の対策を受け容れた上でローレーターの使用を継続していたこと（③），実際にリハビリの成果が現れていたこと（②）がYに過失なしとの結論を導いたものと考えられる。

仮に，Yが第1転倒後，その原因が不明ということで特段対策を講じていなかった場合や，第1転倒後Xがローレーターの使用に慎重な姿勢を示していたにも拘わらず，特段のケアやフォローもなくローレーター使用を指示していたというような事実関係の下では判断が異なってくる可能性がある。

また，本件では，第１転倒後，医療機関側は「しっかり捕まって」というような，第１転倒前と同程度の指導のみしかしていなかったにもかかわらず過失なしとされており，ここでもローレーターが単純な機能を有する器具であったことが判断の根底に流れていると推測できる。これが特殊な操作を要するような器具であった場合は，第１転倒前のステップ（見守り付きでの使用等）に戻って再度説明・指導・訓練を行うといった対応が必要になってくるであろう。

⑷　認定の基礎となった証拠

以上から，本件の事実認定にあたっては，ローレーターの形状や性質を基礎として，Ｘの具体的状況が極めて重要なウエイトを占めており，これらは実際には診療記録やリハビリ計画書といった日々の記録が重要な証拠となっていることがいえる。

6　推奨される記録のつけ方

本件を基に，Ｙのような立場にある病院等の記録はどのようにつけるべきかを検討する。ポイントは，①貸与する器具を正確に記録すること（場合によっては別途貸出証のような書面にサインをもらうという運用をしている施設等もあろう。），②治療経過のみならず具体的な患者・利用者の状況も記録すること，③Ｙ側においてリスクを回避するためにどのような対策を講じたのか，理由と共に記録しておくことである。

以下では，②及び③の例を挙げる。

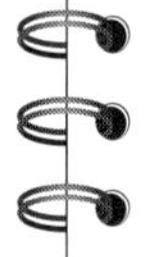

良くない介護記録の例

○月○日

ローレーター使用による自立歩行継続。先日の転倒による影響なし。Ｔ字杖利用による歩行訓練実施。

推奨される記録の例

○月○日

ローレーター使用による自立歩行継続。煙草を吸うため，病室からロビーまでローレーター使用して歩行。先日の転倒による影響はないと考えられる。また，退院後の自宅生活を見据え，T字杖での歩行訓練を開始。

コメント

書かれている内容は同様である。しかし，上の記載では，なぜ転倒による影響がないと判断するに至っているのかが省略されてしまっている。そのように判断した具体的エピソードを加えることで当該記載内容の信憑性が増すといえる。

また，T字杖を用いた新たな歩行訓練開始の目的を明記することで，Xの回復状況が良好であることがわかりやすくなり，Yのリハビリ計画全体が適切なものであることが伝わりやすくなる。

良くない介護記録の例

転倒原因不明。病室内の整理整頓実施。

推奨される記録の例

転倒原因を本人に確認するも，不明であるとの回答。担当者で検討したところ，ローレーターのキャスターがベッドやポータブルトイレに引っかかったことが原因であろうと推測。

対策として病室内の障害物除去のため整理整頓を実施。

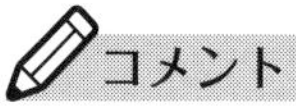

コメント

これも，上の記述はこれだけを見ると，「転倒原因不明」は誰がどのように判断したのか不明であり，なぜ病室の整理整頓を行ったのか，どのような整理整頓を行ったのかが不明である。ここでは，まず，転倒原因の特定ができなかったという判断を本人から転倒状況を聴取したという事実と併せて残しておくことが重要である。その上で，Ｙの側で，看護師等の独断ではなく検討会議において原因を推測し，そのための対策として整理整頓を行ったことを残しておく。

こうすることで，転倒原因が特定できずとも，可能な限りの対策を講じていたことを残すことができる。さらに，ある事項を判断する場合は，可能な限り単独でなく，複数人の視点で検討するということがポイントになる。また，実際に行った対策の内容（例では整理整頓）を具体的に記載しておくと，原因に対する対策の有効性も判断可能となり，検証が容易となる。

事例▶6

高齢で見当識障害等がある入院患者がリハビリ中，付き添いが離れた間に転倒，死亡した事例

東京地判平成14年6月28日（判タ1139号148号）

ポイント

病院はXが転倒することを予見可能であったか否か

1 事案の概要

X（原告）は事故当時79歳の男性である。Xは平成10年9月15日に意識障害のため救急車でY（被告）の運営する病院に緊急搬送され，入院することとなった。Xは，陳旧性脳梗塞に伴う痙攣発作（てんかん）と診断された。

Xはその後意識レベルを改善させ，退院を目指し，同年9月20日過ぎからリハビリを開始することとなった。もっとも，Xには見当識障害（※場所や時間，人物について正しく認識することができず，突然自身の置かれている状況がわからなくなり混乱する等の症状が出る）が認められ，その他糖尿病や重度の視力障害も有していた。

Xは，同年9月21日，座位を保持するためのリハビリ中，付き添いの看護師が離れた間に一人で立ち上がろうとして転倒。頭部を打撲し，24日に死亡した（以下，「本件転倒」という）。なお，付き添いの看護師はXの下を離れる際，「動かないでね」という声かけをしており，Xもこれに頷いていた。実際，転倒する直前にも何度か同様の指示をXに与え，Xは指示を守り，動くことはなかった。

XがYを被告とし，①Xが転倒することは予見可能であったこと，②YはXの転倒を防止する措置を講じていなかったことを理由に，不法行為あるいは債務不履行を理由として損害賠償を請求。

2 判決の内容

結論 原告の請求認容。

理由 Ｘの当時の病状からみて，Ｘの転倒は予見可能であり，転倒防止の措置を行った過失があると判断した。

3 争　点

【争点を考える上でのポイント】

⑴　予見可能性と結果回避義務違反の枠組み
⑵　Ｘの転倒はＹにおいて予想することができたか
⑶　Ｘの転倒に備えて十分な転倒防止策が講じられていたか

⑴　本件では，Ｙにおいて，①Ｘが転倒することが予見できたか否か。②予見することができたとして，看護師の対応は結果を回避するに当たって十分な措置を講じたといえるかが問題となる。本件では主に①の点について争われている（法律構成としては債務不履行及び不法行為が考えられる。）。

⑵　本件では，看護師が，Ｘに対し「動かないでね」と指示してＸの下を離れた隙に本件転倒が発生している。事案の概要に書かれた複数の疾患を有していたＸが，看護師による「動かないでね」という指示について理解し，これを守ることが客観的に見て可能な状況であったといえるかが問題となる。

⑶　Ｘの転倒が予見できたとして，これを防止するための措置が十分に執られていたか否かが問題となる。本件では，看護師が「動かないでね」といった指示をＸに行った以外の措置については何ら言及されていない。

4 提出された医療記録等

裁判所の事実認定を見ていくと，裁判所はXの看護記録を詳細に引用し，Xが本件転倒に至るまでの間の病状を分析している。看護記録の中でも，Xと看護師との間で交わされた会話のやりとりからXの判断能力を吟味している点は重要である。

そして，裁判所は，看護記録から，上記Xの病状に対する病院側の認識についても認定の根拠としている。

判決文中に現れた看護記録の引用部分から推測すると，本件で提出された看護記録は比較的詳細なものであったと推測でき，このような記録が実際の事実認定において有用な資料となることを示す具体例として参考になるであろう。

5 判決の分析

以下，上述した争点ごとに分析を試みたい。

(1) 予見可能性について

本件においてXは様々な疾患を抱えており，中でも，見当識障害は，突然自身の置かれている状況がわからなくなることがあり，パニック状態になることが予想できる疾患であるといえる。この点のみをとらえれば，Y側の予見可能性を肯定することは容易とも考えられる。

しかし，本件においてYは，Xの見当識障害は主に場所的なものに限られ，立ち上がる動作をすることとの間に論理的な関係はないとして反論した。また，実際に，Xはこれまで立ち上がろうとする行動に出たことはなく，看護師らと十分なコミュニケーションをとれており，意識レベルも回復に向かっていたこと，本件転倒の直前にも，食事の配膳を行う際や検査の予定を確認する際，看護師が「動かないでね」という指示を出し，Xがこれに従うことができていたとY側で反論した。

判決は，Xの病状は改善に向かっていたが，看護記録から読み取れるX

の状態からすれば，寛解までにはほど遠く，Xが看護師等の指示に従って行動を制御する十分な能力を有していたと認めることはできないとして，Yの予見可能性を肯定した。

判決においては，看護記録を基に本件転倒直前にXが同様の指示に従うことができていた事実を認めつつも，Xの客観的な病状からして，指示そのものをいったん理解してもこれを失念して立ち上がろうとする行動を取ることはY側で予見できたとしている。看護記録において，看護師とXの会話のやりとり部分は，Xにおいて，ここが病院であることを理解できていないという点を除いてコミュニケーションが成立しているように見えるし，Xが看護師からの指示も理解できていることが読み取れ，判断能力には問題が無いといえる記載となっている。しかし，客観的な記録部分については，「時々ボーッとするのはてんかんか？」，「血糖値が安定しないので要注意」等，いつてんかん発作が再発してもおかしくないという状況が記載されていた。

そうすると，本件転倒が実際にてんかん発作によるものであったかどうかは別として，Yにおいては，「Xがいつてんかん発作により予想外の行動に出てしまうかわからない」ということを予見することは可能であったというのが判決の論理であるといえる。

⑵　結果回避義務について

上述の予見可能性を踏まえれば，Yとしては，Xの転倒防止措置としては，リハビリ中は常に見守ることや，付き添いを離れる場合はXを固定する，いったんリハビリを中止する等の転倒防止措置を講じる義務があることになる（なお，その他の転倒防止措置として，リハビリで使用していた椅子について前方への転倒防止措置は執られていたが，後方への転倒防止措置は執られておらず，後ろに壁を近接させて後方への転倒を防ぐべきであったと指摘されている。）。

Y側の予見可能性を前提にすれば，上記措置まで講じていなければ結果回避義務を免れたことにならないであろう。たしかにこの結論は病院側にとって酷であるととらえられなくもないが，①高齢者の転倒は重篤な結果に繋がることが多いこと，②本件においてXは様々な疾患を抱えており，これら疾患が複合的に作用して突然予想外の症状を発症したり，行動をとったりするということまでフォローしておく必要があったという事情も結論に作用していると考えられる。

筆者の個人的見解にはなるが，看護記録中，Xの担当医は，姿勢保持のリハビリ実施指示を行っているものの，Xの見当識障害等を考慮して注意を払うべきといった指示があったかは読み取れない。Xの担当医としては，Xの具体的な症状に配慮し，より慎重なリハビリ計画を立案する必要があったのではないかと考えられ，この点がYの過失として指摘できる事案であったようにも考えられる。

6 推奨される記録のつけ方

本件を基に，Yのような立場にある病院等の記録はどのようにつけるべきかを検討する。ポイントは，患者・利用者との具体的なやりとり内容と，客観的な判断を分けて記録することである。

良くない介護記録の例

○月○日

理解力は問題ないと思われるも，見当識障害が見受けられる。

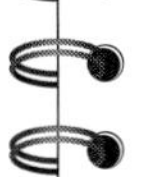

推奨される記録の例

○月○日

「一週間前に新しくしたトイレを使いたい」「ここは病院ですよ」「ここはうちじゃないの？じゃあ仕方ないか。」とのや

りとり。

　会話成立するも，場所について見当識障害あり。

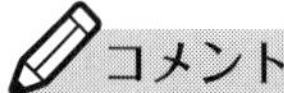

コメント

　上の記載では，理解力に問題が無いという記録者の「判断」のみが記載されており，客観性が担保されていない。どのような状況からそのように判断したのかが明確ではないため，見当識障害もどの範囲で見受けられるのかはっきりしない。下の記録のように，具体的なやりとりの「事実」を踏まえて記録者の「判断」を分けて記載すれば，記録者の判断を第三者が検証する材料となり得る。そして，会話のやりとりから，場所について見当識障害があることが明らかになってきやすい。

事例▶7

認知症の高齢者がデイケアの送迎バスを降りた直後に転倒した事例

東京地判平成 15 年 3 月 20 日（判時 1840 号 20 頁）

ポイント

- 甲が転倒することの予見可能性。従前の甲の状況から転倒して骨折することが予見可能であったか
- 甲の転倒と死亡との相当因果関係。転倒による入院後に生じた肺炎による死亡との間に相当因果関係があるか

1 事案の概要

甲は事故当時 78 歳の認知症の男性であり，平成 11 年 3 月から乙医院のデイケア室へ送迎付きで通院していた。送迎サービスに対する甲の負担は 1 日 200 円であった。甲の送迎は，デイケアの介護士 1 名により行われ，介護士は，甲を送迎する際，自宅マンション前の道路に送迎バスを停車し，自宅玄関口まで送り届けるなどしていた。甲は送迎時に歩道からバスに乗降車していたが，その歩道の一部は舗装されていなかった。事故当時，甲は自立歩行が可能であり，送迎時，介護士はそばを離れずに見守っていたものの，通常は手を貸すことはなかった。

事故当日，甲がデイケアを利用した後，介護士は，自宅前の道路で送迎バスから甲を降車させた。介護士が踏み台をもとの場所へ片付けるなどの作業をしていたところ，甲が転倒した。甲が転倒した場所は，歩道の舗装部分と未舗装部分の境目であった。甲は，大腿部けい部骨折と診断され入院し，寝たきりの状態となり，入院後約 4 か月半後に肺炎を直接の死因として死亡した。

甲の相続人である X 1 らが，乙医院を運営する Y 医師を被告とし，債務

不履行又は不法行為を理由として損害賠償を請求。

2 判決の内容

結論 Ｘ１（甲の妻）に対し308万707円，Ｘ２，Ｘ３（甲の子）に対し各189万2719円及び遅延損害金の請求を認めた。なお，判決では転倒は甲の不注意によるものであるとして，６割の過失相殺がなされている。

理由 Ｙには安全確保義務があり，甲の事故当時の状況からして，転倒に至る予見可能性があった，老年者が骨折後に肺炎を併発し，死亡に至ることは通常人に予見可能であったと判断した。

3 争　点

【争点を考える上でのポイント】

⑴　Ｙに安全配慮義務があるか
⑵　Ｙに甲転倒の予見可能性があったか
⑶　甲の転倒と肺炎による死亡に相当因果関係があるか
⑷　過失相殺の可否

⑴　Ｙの安全配慮義務について，Ｘ１らは，診療契約と送迎契約が一体となった無名契約であるとして，当該契約の付随義務としての安全確保義務（安全配慮義務）があると主張し，Ｙは，送迎契約は診療契約とは別途であり，かつ，送迎契約では実費程度の金額（１日200円）しか受け取っておらず，無償契約同様のものであった，仮に何らかの注意義務があるとしても，その程度は自己と同一の注意で足りると主張した。

⑵　Ｙに安全配慮義務が認められるとして，甲が転倒することを甲が予測

できたかということが争点となった。通常，安全配慮義務違反の認定には予見可能性と結果回避可能性が問題となるが，本件では専ら予見可能性が争われた。

Ｘ１らは，甲が高齢で認知症と診断され，認知症の症状があった上，右足を引きずるなどの身体状況にあったこと，貧血が進行し，体重も低下し低栄養状態であったことから，容易に転倒して骨折する危険性があった，Ｙにおいてこれを予見することは可能であったと主張した。これに対し，Ｙは，甲は日常的な会話や日常的な作業を行うことは可能であり，ある程度の事理弁識能力はあった，甲は高齢者としては十分な体力があり，甲はいつも最後部の席に座り，一人で身をかがめて座席の間を歩行して乗降口と座席とを行き来していたのであって，体力的懸念はなかったため，転倒は予見できなかったと主張した。

(3) 本件は，転倒による骨折の治療のために入院後，甲が寝たきりの状態になり，肺炎を発症し，その後肺炎を直接の原因として死亡したことについて，Ｙの注意義務違反と甲の死亡との間に相当因果関係が認められるかが争点となった。

4 提出された記録等

(1) 証拠とされた関係記録

本件は，被告が運営する医院のデイケア（精神科デイケア）における事故であったことから，主に被告の保有する診療録，検査記録，看護・介護記録等が提出されたものと思われる。

(2) 具体的認定の拠り所となった証拠

転倒の予見可能性に対する根拠として，甲が，平成11年3月16日に行われた血清・血液学検査において，赤血球数が333万／μl，ヘモグロビンが11.1g／dlであり，いずれも男性の正常値を下回っていた，同年11月22日に行われた血清・血液学検査においては，赤血球数が286万／μl，ヘモグロビンが9.0g／dlとなり，甲は貧血状態にあって，乙医院において鉄剤の投与が検討されていた，甲の体重は，同年４月27日には45.0kgであったものが，同年６月29日及び同年８月５日には44.0kg，同年９月６日には41.0kg，同年11月８日には39.0kgとなっていて，減少傾向にあった，と詳細に認定された。当該記載は，原被告の主張内容から，カルテに記載があったことが認められる。

また，甲の身体状況につき，何かに掴まりながらでないと歩けないとか，付添人が手を貸さなければ歩けないなどということはなく，自立歩行が可能であった，Y医院へ通院するための送迎の際，付き添っていた介護士は，甲が歩くそばを離れずに見守っていたものの，通常は甲に手を貸すということはなく，その必要もなかった，事故当日も，甲は，介護者の呼びかけに応じて，他の者の介助を受けずに，後部座席から車内の通路を歩いてドアから歩道に降り立った，甲は，中等度の痴呆状態が認められると診断されていたが，簡単な話であれば理解し，判断することができ，例えば，その場に起立しているように指示した場合は，その指示を理解し，そのとおりにすることは可能であった，と認定された。当該部分から，本件では６割の過失相殺が認められている。判決文には根拠となる証拠の具体的な名称が明示されていないが，記載内容からして，裁判所は介護記録及び介護者の証言等により上記を認定したものと考えられる。

5　判決の分析

(1)　契約上の安全配慮義務の有無について

ア　送迎契約と安全配慮義務について

人を運送する契約を運送契約（請負契約）といい，有償契約となる。本件では往復１日200円という実費程度の費用であったことから，運送契約の成立に疑問があったものと思われ，原告側からは，有償の診療契約と一体となった契約であるとして，当該契約に基づき安全配慮義務が主張されたものと考えられる。

イ　乙医院の送迎契約の位置づけ

本判決は，乙医院ではデイケアを行う部署と患者の送迎を行う部署とが区別されていたなどという診療契約と送迎契約を別個のものと解するに足る事情が認められず，むしろ，デイケアの際に介護に従事していた介護士が，甲ら患者の送迎をも行っており，デイケアそのものについての診療費，デイケアの際の食事代，雑費などとともに送迎代も一括して請求されていること等の事情を指摘して，甲は，Ｙとの間で，被告医院においてデイケアを受けるとともに，その通院に当たって乙医院の送迎バスによる送迎を受けるという，診療契約と送迎契約が一体となった無名契約を締結していたものと解するのが相当である，と判示した。

そして，当該無名契約に付随する信義則上の義務として，甲を送迎するに際し，同人の生命及び身体の安全を確保すべき義務を負担していたと判示した。

送迎代が低額であることを理由に自己と同一の注意義務で足りるとのＹの主張に対しては，診療契約と送迎契約が一体となった契約であって，送迎代としての追加額のみを取り出して注意義務の程度を論じることは相当でない，と判示した。

ウ　介護施設事業者の送迎サービスと安全配慮義務

介護施設事業者においては，実費程度の費用を徴収して，施設が保有する車で利用者を送迎するサービスを行っているところも少なくないと思われる。国も，介護施設事業者等が行う実質無償の輸送サービスを「互助」による輸送として整理している（国土交通省総合政策局公共交通政策部交通計画課・同自動車局旅客課・厚生労働省老健局振興課『「交通」と「福祉」が重なる現場の方々へ～高齢者支援サービスの提供に際しての交通・福祉制度及び事業モデルの整理と解説～』（平成30年３月））。

本判決を前提とすれば，介護施設事業者が行う実質無償の輸送サービスは，施設利用と一体となったサービスとして評価され得ることになる。事業者側としては，実質無償の輸送サービスでも安全配慮義務を負担することになり得ることに留意する必要がある。

(2)　転倒の予見可能性について

ア　甲の身体状況について

裁判所は，甲の身体状況につき，前記のとおりの事実を認定した上，外形上は自立歩行が可能であったものの，血清・血液学検査や体重等の検査結果を踏まえ，転倒のリスクが予見される状態にあったものと判断した。

イ　事故現場の状況

裁判所は，甲が乗降していた場所が，一部未舗装の歩道であり，必ずしも足場のよい場所ではなかったと認定した。裁判所がどのような証拠から当該事実を認定したかは明らかでないが，Ｙ側の主張（送迎と診療契約との結びつきを否定していた）からすれば，診療記録等ではなく，送迎を担当していた介護士や家族の証言，現場写真等により認定したものと思われる。

ウ　結果回避可能性

裁判所は，Ｙとしては，介護士に対して，送迎バスが停車して甲が移動する際に同人から目を離さないように指導するか，それが困難であるならば，送迎バスに配置する職員を１名増員するなど，転倒事故を防ぐための措置をとることは容易に行うことができるものであり，そうした措置をとることによって本件事故は防ぐことができた，と認定した。

エ　考察

判決では，甲の普段の行動及び検査において現れている甲の身体状況から危険を予測することを求めている。

事業者側としては，普段の行動だけでなく，検査結果等の情報がある場合，それらの情報も踏まえて，総合的にリスク管理をする必要がある。

もっとも，本件では，甲は自立歩行が可能であったこと，簡単な指示であれば理解することができたことなどを踏まえ，６割の過失相殺がされている。当該事実認定の元となった証拠は判決文からは明らかでないが，介護記録やフェイスシート等に記載される可能性の高い内容と言えることから，利用者の普段の行動について適切な主張をするためにも，介護記録やフェイスシート等に必要十分な記載をすることが推奨されると言える。

本判決を前提とすると，事業者としては，有償・無償を問わず，利用者へ提供する一連のサービスについて，適切に人員配置を行ったり，適切にリスク評価を行う必要があるといえる。そのためには，サービス全般についてのリスクを介護記録・看護記録に記載する（本件では，乗降する場所が一部未舗装道路として転倒のリスクがあったことが指摘されていることから，送迎時のリスクに関しても記載し，リスク評価する必要があると言える。）。送迎時に考えられるその他の記載内容としては，送迎時の家族の出迎えの有無，家族への引渡し方法等が考えられる。

(3) 結果との相当因果関係

本件では，転倒と肺炎による死亡との間に相当因果関係が認められた。その根拠として，「一般に，老年者の場合，骨折による長期の臥床により，肺機能を低下させ，あるいは誤嚥を起こすことにより，肺炎を発症することが多い。そして，肺炎を発症した場合に，加齢に伴う免疫能の低下，骨折（特に大腿けい部骨折），老年性痴呆等の要因があると，予後不良であるとされていることからすると，本件のような事故が原因となって，大腿部けい部骨折を負った後，肺炎を発症し，最終的に死亡に至るという経過は，通常人が予見可能な経過である」と判示した。

高齢者の場合，身体的機能の低下により，事故の直接の原因から別の病気等を併発するなどして重篤な結果となることも見られるところであり，当該結果との相当因果関係が争われることも少なくない。

この点，骨折後にうっ血性心不全で死亡した事案について，高齢者は骨折による入院以前から全身の機能低下があったことを理由に相当因果関係を認めなかったものとして，東京地判平成20年1月25日（判例集未登載）がある。

6 推奨される記録のつけ方

本件は，甲の個別具体的な行動ではなく，体調そのもの（ヘモグロビン値，体重）や一般的な行動（簡単な話は理解できた。その場で起立しているように指示した場合，そのとおりに行動できた）といった部分を検討して，過失の存在及び過失割合の点について判断している。

このような裁判所の事実認定に耐えられる記録を作成するためには，日々作成される介護記録の記載以外に，当初面接で作成するフェイスシートの記載をしっかりと行っておく必要がある。

一般的なフェイスシートの「身体状況」の欄の記載は，「伝い歩き可能」程度のものになりがちである。しかし，フェイスシート部分が本件のような事案で体調の認定に使用されることがありうるわけであるから，記載部分については気を抜くべきではない。

推奨されない『身体状況』部分の記載

伝い歩きはできる。

推奨される『身体状況』部分の記載

家の中などの平たんな場所で，しっかりつかまれる物（手すり等）があれば，伝い歩きは可能。掴む物のない壁だったり，掴む物があっても地面が平たんでない場所ではつまづいてしまい，伝い歩きは危険。

事例▸8

介護老人保健施設において利用者が自分で汚物を捨てる際に転倒した事例

福島地白河支判平成 15 年６月３日（判時 1838 号 116 頁）

ポイント

Ｘの転倒について施設側に責任が認められるか

1 事案の概要

Ｘ（原告）は事故当時 95 歳の女性で，要介護２の認定を受け，Ｙ（被告）の経営する介護老人保健施設に入所中であった。Ｘは，日中は通常のトイレを使用しているが，夜間は居室内のポータブルトイレを使用していた。施設の介護マニュアルによれば，ポータブルトイレの清掃は，朝５時と夕方４時の定時に１日２回実施するとされ，その清掃内容も具体的に定められていたが，実際は必ずしも同マニュアルに沿って清掃が実施されていたわけではなかった。

Ｘは，本件事故が起きる以前から，夕方に自室のポータブルトイレを確認し，清掃がなされていないと，夜間にこれを利用することが不快であるため，自身の汚物を通常のトイレに捨てに行っていた。Ｘは，本件事故当時も，ポータブルトイレの清掃がなされていなかったことから，これまでも自分でどうにか捨てに行くことができていたため，職員に頼むのを遠慮し，一人で通常のトイレに汚物を捨てに行った。その際，Ｘは通常のトイレの仕切りに足を引っかけて転倒し，右大腿骨頸部骨折の傷害を負った。本件事故後，Ｘは要介護３の認定を受けるに至った。なお，施設側は，要介護者に対してポータブルトイレの汚物処理を自ら行わないように指導していた。

ＸがＹを被告とし，①Ｘが転倒したのはＹの清掃義務違反という債務不履行によるものであること（民法415条），②施設の仕切りが介護老人保健施設という場所においては欠陥であり，土地工作物責任（民法717条）が成立するとして損害賠償請求。

2 判決の内容

結論 原告の請求認容（債務不履行責任・土地工作物責任共に認容）。

理由 ポータブルトイレを定時に清掃する義務と本件事故との間には相当因果関係が認められる。

※工作物責任については本の趣旨から外れるため割愛する。

3 争　点

【争点を考える上でのポイント】

(1)　Ｙに清掃を定時に行うべき義務違反があるか

(2)　上記義務違反と本件転倒との因果関係

(3)　過失相殺が認められるか

(1)　本件では，Ｙにおいて，ポータブルトイレの清掃がなされていなかったことが債務不履行とまでいえるか否かが問題となる。本件のように介護マニュアル等，利用者に対してサービス提供にかかる情報が記載された書面が存在する場合，その記載内容全てが契約内容や義務違反を基礎づける根拠となるわけではないが，債務内容の特定においては不可欠な資料になるといえる。

(2)　介護マニュアルに沿った清掃がなされていなかったことが債務不履行に該当するとしても，それが当然に本件転倒に結びつくわけではない。債務不履行と本件転倒との相当因果関係の有無が問題となる。

(3) 本件では施設側からの指示があったにもかかわらず，Xはいわば「勝手に」汚物をトイレに捨てに行ったのであるから，Yとしては，X側にも落ち度が存在するということで過失相殺することが認められるか。過失相殺の可否が問題となる。

4 提出された記録等

裁判所の事実認定を見ていくと，本件施設の介護マニュアルとケアチェック表，Xのケアプラン表といった書証が提出されていたことがわかる。後述するように，Yの債務内容の特定において介護マニュアルの記載内容が重要な位置づけを占めており，当該債務不履行と本件転倒との因果関係を肯定するにあたっては，施設の清掃実態調査の結果を重要視している。施設の清掃実態調査の結果がどのような形で書証化されていたかまでうかがい知ることはできないが，職員の日報や介護記録等によって実際のポータブルトイレの清掃状況を確認し，一覧表化したものであると推測できる。

ここでも日々の介護記録等が判決の内容において結論を左右する重要な証拠として用いられており，参考になるであろう。

5 判決の分析

以下，上述した争点ごとに分析を試みたい。

(1) 債務不履行の認定について

判決は，本件施設において，契約書上，提供するべきサービスの中に，排泄を含む「日常生活介護サービス」が含まれており，その上で介護マニュアルが存在することを指摘している。そして，介護マニュアルには，ポータブルトイレの清掃に関する記載として，1日2回の定時清掃の他にも，ポータブルトイレの洗浄方法等についても具体的に記載されていた。

このようなことから，介護マニュアル記載の清掃回数は，単に施設職員の業務ガイドラインを定めたものに止まらず，契約上の義務として遵守されなければならないものとして認定されたと評価することができる。

当該介護マニュアルが利用者側に開示されていたのか否かまでは不明であるが，このように施設内においてマニュアルが作成されていた場合には，これを入手し，債務の特定に役立てることが肝要である。仮に，介護マニュアルなしに同種の主張立証を試みた場合，単に，本来当然清掃されるべきポータブルトイレが清掃されていなかったというだけで債務不履行を基礎づけることができるかは疑問である。なぜならば，本件と同様に，通常，施設内において全く清掃を行っていなかったということは考えられないため，どの程度清掃がなされていなかった場合に債務不履行といえるのかを検討する必要があり，一概に債務不履行と言い切ることは困難となるためである。

やはり，当該施設内において定められていたルールの存在があればそれを基に債務の特定が容易になる。もっとも，当該ルールが一般的な水準に達していないであろうという形で主張立証を試みなければならない場合も存在するであろう（この場合，施設側から施設内のルールを遵守していたので責任はないという形でマニュアル等が書証として提出されることが想定される。）。そのような場合，他の同種施設のルールや運用を調査したり，業界のガイドライン等を分析し，当該施設のルールが一般的水準に達していないという反証を行う必要があろう。

(2)　相当因果関係の認定について

判決は原告の主張を全面的に採用し，「ポータブルトイレの中身が廃棄・清掃されないままであれば，不自由な体であれ，老人がこれをトイレまで運んで処理・清掃したいと考えるのは当然であるから，ポータブルトイレの清掃を定時に行うべき義務と本件事故との間に相当因果関係が認められる。」と判示している。

この点，Ｙは，仮にポータブルトイレの清掃がなされていなくとも，自分で処理する必要は無く，ナースコールで介護要員に連絡して処理をお願いすることはできたはずであると反論していた。これに対して，判決は，本件施設の清掃実態を踏まえると，入所者が職員にポータブルトイレの清掃を頼んでも施設職員が直ちにかつ快くその求めに応じて処理していたかどうかは不明であるとして，Ｙの主張を退けている。

そうすると，本判決の決め手となっているのは，本件施設の清掃実態であるということができる。記録から読み取れる清掃実態調査結果の内容は次のようなものであった。

- 調査対象期間事故直前から事故当日までの29日間（全53回）中
- 清掃を実施したという「処理」が23回
- トイレ内を確認したが空であることを確認した「確認」が15回
- 声かけをしたが，大丈夫と言われた「声かけ」が２回
- 処理しなかったのが３回
- 不明が10回

この実態調査結果を踏まえると，必ずしも介護マニュアルは遵守されていなかったという実態がみえてくる。少なくともポータブルトイレ内を確認することは必須であり，声かけだけでもって対応を終了してしまうということが存在したこと，本来定時の清掃は記録化しておくことが通常であるにもかかわらず，「不明」が10回も存在することは，施設職員がポータブルトイレの清掃に消極的であったか，少なくとも契約上のサービスであるという意識をもった対応を行っていなかったことを強く推測させる結果といわざるを得ない。

もっとも，施設の人員等の関係でマニュアルの実行が困難となっていたという施設側の事情が存在していたかもしれない。しかし，そうであれば，介護マニュアルの見直しや，清掃時間帯や清掃方法の改善といったような対応がなされてしかるべきである。本件においてそのような検討がなされていた形跡は少なくとも判決文中読み取ることができず，Ｙがこのように，契約上の債務内容である介護マニュアルを軽視する姿勢が裁判所の心証に大きく影響した可能性は否定できない。

(3) 過失相殺について

裁判所はＹからの過失相殺の主張に対し，「過失相殺を認めるべき事情

は認められない。」として一切認めなかった。

前掲の判示中，「入所者がポータブルトイレの清掃を頼んだ場合に，本件施設職員が，直ちにかつ快く，その求めに応じて処理していたかどうかは，不明である」という部分が過失相殺について当てはまる部分といえ，その背景には，過失相殺が損害の公平な分担という趣旨に照らし，Ｙの介護マニュアルを軽視する姿勢が影響を与えていると考えられる。

上記判示を踏まえれば，これが，例えば事故発生当日だけたまたま清掃が行われなかったというような事実関係の場合は，過失相殺が認められる余地はあると考えられる。

6 推奨される記録のつけ方

本件のポータブルトイレの清掃のように，定期的な点検や見回りの記録をどのようにつけるべきかを検討する。ポイントは，記録のつけ方の例をわかりやすく正確に区別することである。

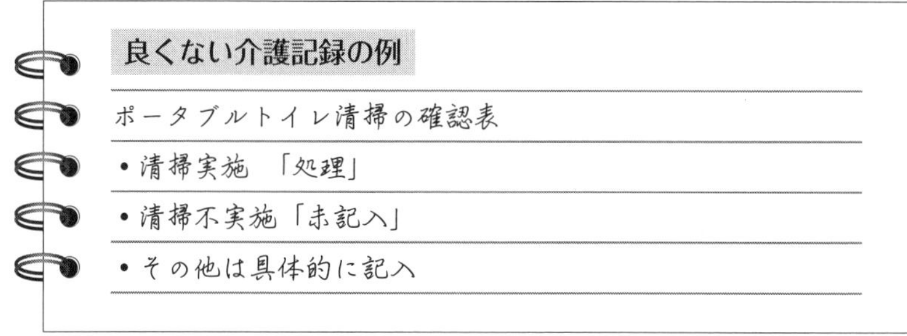

良くない介護記録の例
ポータブルトイレ清掃の確認表
• 清掃実施　「処理」
• 清掃不実施「未記入」
• その他は具体的に記入

ポータブルトイレ清掃の確認表
• 清掃実施　「処理」
• 清掃不実施

確認したが清掃不要だった場合　「不要」

声かけしたものの本人が拒んだ場合「拒否」

時間が無く対応できなかった場合「未対応」

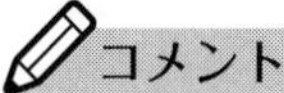

コメント

上の記録では，清掃を実施した記録は明確であるが，清掃実施していない際の記録が明確でない。未記入とされている部分は，確認したが清掃不要であったのか，そもそも確認すらできていないのかが不明である。記録がないということは対応を一切していないということに捉えられてしまう可能性がある。また，具体的記入欄を設けてこれらの不都合をケアしようとしても，多忙な業務の中で具体的な理由まで記載をするのは煩雑である。

下の記録のように，清掃不実施の場合についても記入例を場合分けしておくことで，より精度の高い正確な記録をつけることができる。加えて，例えば，「拒否」や「未対応」であった場合，別の職員が再度対応を行う際，不実施の原因を踏まえて対応することが可能であり，職員間の連携にも寄与するものである。

〔参考文献〕

金川めぐみ「老人保健施設における事故と施設経営者の責任」社会保障判例百選［第４版］別冊ジュリ 191 号 228 頁

事例▶9

通所介護サービスを受けていた高齢者が昼寝から目覚めた後に転落し，右大腿骨骨折を負った事例

福岡地判平成 15 年８月 27 日（判時 1843 号 133 頁）

ポイント

昼寝から目覚めたＸが，一人で動き出し，部屋の入口の段差から転落することについての予見可能性の有無

1　事案の概要

Ｘ（原告）は，事故当時95歳の女性で，要介護４，両膝関節に変形性関節症を有しており，独立歩行が困難な状態であった。Ｘは，Ｘの娘を代理人として特定非営利法人Ｙ（被告）と通所介護サービス契約を締結し，Ｙの経営する介護サービス施設（Ｙ施設）に通所し，デイサービスを利用していた。

本件事故発生当日，Ｙ施設で利用者の見守りをしていた職員は，甲と乙の２名で，乙はＹ施設で働き始めたばかりであった。当日の利用者はＸを含め７名おり，認知症がある者はＸを含め５名，一人で歩行すると転倒する危険のある者がＸを含め５名いた。

Ｘは，昼食後，甲の誘導で施設内の畳敷きの静養室で昼寝をしていた。他の利用者は，静養室前のソファーと椅子にいた。乙はソファーから少し離れた机の前で記録を作成していて，乙の位置から静養室の内部を見ることは出来なかった。甲は，静養室に背を向ける形でソファーに座り，時々静養室の方を向いてＸの様子を確認していた。

来客があり，甲が対応に出て，来客と話をしていると，ドスンと音がした。甲が戻ると，Ｘが，静養室の入口付近の段差にやや背を向け，膝を少し曲げた状態で尻をついて座り，痛がっていた。

病院で検査したところ，Ｘは，右大腿骨を骨折しており，入院した。

Ｘは，Ｙに対し，本件事故により，歩行不能と認知症（判決内では「痴呆」）状態の増悪という後遺障害を負ったとして，介護サービス契約上の安全配慮義務の債務不履行に基づき，損害賠償請求をした。

2 判決の内容

結論 原告の請求一部認容。

理由 昼寝から起きたＸが起き上がり移動することは予見可能であり，事故は，Ｙが，Ｘの動静の見守りと昼寝から目覚めた際に必要な介護を怠った過失により発生した。

3 争　点

【争点を考える上でのポイント】

(1)　Ｙに安全配慮義務違反があるか

(2)　Ｘの損害額。特に後遺障害との因果関係の有無，素因減額について

(1)　Ｙには，Ｘが昼寝の最中に起きあがり，移動することが予見可能であったか，また，静養室の入口の段差から転落することの予見可能性があったか，そして予見可能性があった場合に，転落を防ぐために必要な介護をしていたかが争点となった。

昼寝中のＹの行動について，これまでの介護計画やアセスメント表，Ｙでのサービス利用開始時のケアマネジャーから施設への引継ぎ内容やＹ施設での介護状況から，本件事故当時のＸの状態を詳細に認定し，Ｙは，Ｘが起きて移動することの予見可能性があったと認めた。

また，Ｙ施設における静養室と隣接する食堂兼機能訓練室の構造やソファーの配置と甲の証言から，入口の段差からの転落という結果回避のために必要な見守り及び介護が行われていなかったと認定した。

(2)　Ｘは本件事故当時95歳と高齢で，元々，両膝関節に両変形性膝関節炎を有していて，独立歩行は困難であり，骨粗鬆症の既往もあった。また認知症も発症していた。

判決は，①右下肢の短縮，②右膝関節の屈曲拘縮による歩行不能，③痴呆の増悪という三つの後遺症について，すべて本件事故との因果関係を認めたうえで，後遺障害慰謝料として350万円，傷害慰謝料として120万円の合計470万円を損害として認定した。

既往症や素因がある高齢者の場合の損害を認定した一事例として参考になる。

4　提出された介護記録等

(1)　裁判所の認定

本件では，平成12年7月4日にＹとの介護サービス契約を締結しているところ，Ｘの状況についての裁判所の事実認定は，平成12年3月21日頃から始まっている。その後，Ｙ施設への通所を始めた後から本件事故発生に到るまでの状況，事故発生当日の状況，事故後のＸの状態の変化について，相当具体的かつ詳細に事実を認定し，判断の根拠としている。

(2)　証拠とされた関係記録

引用証拠の一覧がないため，不明な点もあるが，判決文から読み取れるものとしては，次のようなものがある。なお，Ｙから提出された事故当時の記録については，改ざん（書き換え）があったことが指摘されている。

- 居宅サービス計画書
- アセスメント表
- Ｘの長女が作成しＹに渡したメモ（Ｘの状態が書かれていた）
- デイサービス個人記録

- 診療録
- リハビリテーション処方箋
- 診断書（後遺障害診断書含む）
- 医師の意見書
- レントゲン写真

5 判決の分析

(1) 判決が認定した事実

ア　Yとの契約前のXの状況

平成12年3月24日頃は，かなりの難聴で，話しかけても日常会話が理解出来ず，厚いメガネをかけていて視力も落ちていた。脚の力も落ちており，布団で寝た状態から床に手をついて自分の力で立ち上がることは出来なかったが，寝ている状態から身体を起こし，座る状態になることはでき，バランスを崩して転倒することもあった。トイレを探したり，痛みが無いときは家の中をうろうろすることがあった。

このとき作成されたアセスメント表には，ADLは，寝返り，起き上がりはつかまればできる，歩行はトイレまで杖使用で自立，認知能力は重度の障害，物忘れは重度の障害で家族の顔が理解出来ないことがある，問題行動は無く，他人との接触はないと記載されていた。

居宅サービス計画書には，「活動」の欄に「身体的機能の低下が認められる。ADLの低下及び転倒の危険も大きい。布団使用のため立ち上がりが困難。」と記載されていた。

4月に介護訪問を開始した当時，Xはヘルパーの顔の区別が付いていた。

平成12年6月28日付の居宅サービス計画書には，Xがヘルパー等家族以外との接触が増え，発語も多くなっており，身体機能は改善しているものの，徘徊等の問題行動の予兆も見られると記載されていた。

イ　Yとの契約時の状況

Yの通所介護サービスの利用開始にあたり，ケアマネジャーは，Y

に対し，居宅介護サービス計画書は示したがアセスメント表は示していない。Ｘの娘は，Ｙに対し，「耳が遠いので人との会話がよくできない，左足の膝の関節の軟骨がほとんどなく歩行困難である，家にいるときは午前午後１時間から２時間昼寝をする。もしくはベッドに横になり体を休めている」旨を書いて渡した。

ウ　Ｙ施設におけるＸの介護状況

Ｘは，平成 12 年７月４日からＹ施設でのデイサービスを受けるようになり，本件事故まで 52 回利用した。

Ｙのデイサービス個人記録には，次のような記載があった。

Ｘの認知症状について，Ｙ施設の利用開始当初，Ｘは，「声をかけると話をするが，言っていることがなかなか通じなかった。」，「次第に，よく話をするようになり，お茶のとき，スタッフのお茶とお菓子がないと心配したこともあった」，「他の利用者とかみ合わないながらも話をしたり，隣に座って手を叩いたりしていた」。

また，「トイレの場所をよく探していた」，「『おしっこ』と言って立つことがあった」，「ソファーの手すりを伝わったり，壁際の手すりに掴まって，立って，うろうろすることがあった」，「自宅でも空腹で家の中をうろうろすることがあった」。

昼寝のとき，Ｙ従業員が気付くと，Ｘが折りたたみベッドの上に起きて手を叩いて歌を歌ったりしていることもあり，静養室で昼寝をしていて，すぐ起きて上半身を起こすこともあった。Ｘは寝返りや布団の上で寝た姿勢から上半身を起こすこともでき，声をかければいざって移動することもできた。

原告が昼寝をする時間は１時間以内であった。

エ　通院状況

Ｘは，Ｙ施設利用開始前から，左膝関節痛を訴えて通院治療を受けていた。病院にいくと１週間くらいは痛みが薄れ，膝の痛みがないときは自宅の中をうろうろすることがあった。平成 12 年９月からは右膝についても左膝との治療を受けるようになり，両変形性膝関節炎と診断されていた。

オ　Y施設の状況

Y施設は，平屋建てで，食堂兼機能訓練室は54m²，静養室は6.6m²あり，機能訓練室部分の隣にある静養室は，畳敷きで床との段差が約40cmあった。静養室の前には，四角いテーブルを囲むようにして，ソファーが３個コの字型に配置され，テーブルのもう一辺のところに１人用椅子が置いてあった。静養室と機能訓練室とはカーテンで区切られ，事故当時カーテンは半分くらい閉められていた。

本件事故当時，利用者はXを含めて７名おり，甲と乙２名の従業員が見守りをしていた。利用者のうち５名に痴呆があり，一人で歩行すると転倒するおそれのある者が５名いた。X以外の利用者は，ソファーに座ったり，横になって眠ったりしていた。

ソファーから少し離れたところに机が置かれ，乙はそこに座って午前中の利用者の状況について記録を作成していた。乙のところから静養室の内部を見ることはできなかった。

カ　本件事故発生に到る経緯

甲は，昼食後にXをソファーから静養室に連れて行き，寝かしつけたあと，静養室に背を向けるような形でソファーに座ったり，他の利用者の側に行ったりしていた。甲は，何回か静養室の方を向いてXの様子を確認し，少なくとも２回は様子を見に行った。

午後１時40分頃，玄関で誰かが挨拶をしたので，甲は対応に出たが，乙に見守りを交代するよう声はかけなかったし，Xの様子も確認しなかった（なお，乙は，玄関に行く前にXの様子を見たところ眠っていた旨供述しているが，来客への対応に出てから音がするまで15秒ないし20秒しか経っていなかったこと，Xの身体能力，訴訟前にYからX代理人に送付された事故当時の記録が書き換えられたものであったことに鑑みて採用できないとされた）。

甲が，来客に施設の説明をしているとき，ドスンと音がしたので静養室に戻ると，Xが静養室入口付近に尻をついて座り，「痛い，痛い」

と言っていたため，乙とともに応急処置をして，病院に連れて行った。

レントゲン検査の結果，大腿骨骨折とその付近の血腫が認められ，Ｘは入院した。

Ｙは，本件事故による骨折で，平成13年１月21日まで入院，保存的治療を受け，その際，褥瘡の障害を合併し，転院のうえさらに入院してその治療を受け，平成13年４月14日に症状固定となった。

(2)　Ｙの過失の有無について

ア　Ｙの予見可能性

Ｘは95歳と高齢であり，両膝関節変形性関節症により歩行に困難を来すとともに，転倒の危険があり，このことは，Ｙに知らされていた。

また，Ｙは，Ｘの52回にわたる利用状況や記録から，Ｙ施設内におけるＸの活動状況を把握しており，それによれば，Ｘは，通所介護をかさねていくことで活動能力が回復してきたことが窺われ，布団で寝た状態から起き上がること，そこから一人でいざって移動することも出来た。

Ｘが昼寝の最中に，尿意を催すなどして，起き上がり，移動する音は予見可能であった。さらにＸには，視力障害もあり，痴呆もあったから，静養室入口の段差から転落するおそれもあり，このこともＹには予見可能であった。

イ　Ｙは転落を防ぐために必要な介護をしていたか（結果回避義務）

本件事故当時，Ｙ従業員は，Ｘの細かな動静を十分に把握できる状態にはなく，さらに，Ｘの状態を確認することなく，他の従業員に静養室近くでの見守りを引き継ぐこともなく，席を外して，玄関に移動してしまい，他の従業員は，静養室が死角となる位置から見守りをしていたから，Ｘが目を覚まし移動を開始したことについて気付く状況になく，当然，原告の寝起きの際に必要な介護もしなかった。

ウ　結論

本件事故は，Ｙが，Ｘの動静を見守った上で，昼寝から目覚めた際に必要な介護を怠った過失により発生したとして，Ｙの過失を認めた。

⑶　Ｘの損害額

ア　後遺症

①　右下肢の短縮

本件事故以前に，Ｘの脚長差を測定した証拠は無く，本件事故前に脚長差に基づき，Ｘの歩行に不自由が生じていたという証拠もないから，右下肢の短縮は本件事故により生じたものである。

Ｙが提出した本件事故前の骨折が原因となったもので本件との因果関係がないとのＹの主張は否定（ＸＹ双方とも医師の意見書提出）。

②　右膝関節の屈曲拘縮による歩行不能

Ｘは，本件事故前には，杖を用いて又はものにつかまって歩行できたこと，Ｘが大腿骨頸部付近を骨折した既往はないことなどから，他の骨折によって生じたというＹの主張は否定し，因果関係を認めた。

③　認知症の増悪

Ｘは，入院後，認知症が進行し，症状固定時には娘の顔も全く判別出来ない状態になった。

イ　素因減額等

①　右下肢の障害

本件事故前は，膝の痛みがなければ歩行するという状態ではあったが，杖の使用又はものにつかまって歩行する状態であった。本件事故による骨折は，骨粗鬆症の患者においてよく発生する部位のものではない。

②　認知症

本件事故前は，認知能力，物忘れは重度の障害であった一方，ヘルパーの顔の判別がつくことがあり，問題行動はなく，尿意・便意はあり，聴力・視力障害のためにコミュニケーション障害はあるが，Ｙ従業員に気を配ることもあった。

ウ　損害額

①　後遺障害慰謝料

本件に顕れた一切の事情を考慮して，350 万円が相当とした。

②　傷害慰謝料

症状固定まで入院加療 157 日を要する傷害を負い，これに対する慰謝料は 120 万円が相当とした。

⑷　評価

Ｙは，Ｙが負う安全配慮義務の程度について，52 回目の利用で初めて起きたことであるから予見可能性はなく，他の利用者もいるから常時目を離さずに見守りをすることは出来ないが，見守り体制に不足はなく，目を離したのは短時間であったから，Ｙには注意義務違反もなかったと主張していた。

これに対し，本判決は，これまでの介護記録からＸの当時の活動についての具体的な状況を認定して予見可能性を認め，さらにその予見されるＸの活動に応じた介護がなされていなかったとして安全配慮義務違反を認定した。

本件では，Ｙがつけていたデイサービスに記録された細かなＸの行動等の事実から，Ｙが予想すべきＸの行動や注意義務の内容が定められている。

施設側としては，サービス提供時の利用者の行動等を単に義務として記録するだけでなく，その記録を，個々のサービス提供時に事故発生を予防するための見守り体制等を考える際の重要な要素として，利用することを意識することが必要であることを示唆する裁判例である。

6　推奨される記録のつけ方

判決中で指摘されているが，介護記録等は，事故発生と関係なく，そのときどきに作成されているからこそ，信用性が認められるものである。そして，介護記録等が「そのときどきに」作成されていると（言い換えれば，後からまとめて記録を付けたり，変造等がされていない）裁判官が認定するためには，抽象的な事実を記載するのではなく，個別具体的な事実を記載すべきである。

本裁判例に登場した例を利用して考えてみると，以下のようになる。

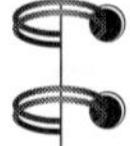

推奨される記録の例

〇月〇日　お茶の時間，スタッフのお茶とお菓子がないと心配してヘルパーに声をかける。

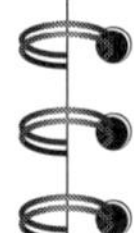

〇月〇日　居室の壁際の手すりにつかまって立ち上がり，廊下に出てきたところをヘルパーＡが見かけ，危険なので歩行器を使用するように指示する。

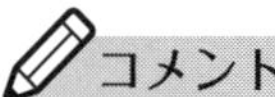

コメント

上の例は，個別具体的なエピソードとして記載されており，対象者とある程度意思疎通ができたことを証明するために使用できる。

下の例のように記載しておけば，対象者が徘徊の傾向があること，職員が転倒を避けるために指示したことが記録に残せる。

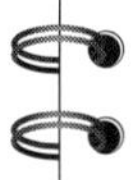

良くない介護記録の例

徘徊の予兆が見られる。

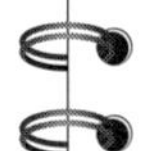

推奨される記録の例

家人が見ていないうちに，玄関から出ていき近所のスー

パーに行ってしまったことが数回ある。昼寝の後，家人を呼ばずにひとりでトイレに行こうとする傾向あり。

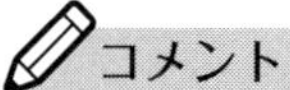

コメント

本裁判例中の，居宅サービス計画書中の記載である。サービス計画書はその記載欄があまり広くないことから詳細を記入することは難しいとしても，具体的な本人の行動を記載しておくと，転倒や徘徊の予見可能性の検討に役立つと思われる。

事例▶10

足に麻痺のある高齢者が，病室内で転倒して死亡した事例

東京高判平成 15 年 9 月 29 日（判時 1843 号 69 頁）

ポイント

- 担当の看護婦（看護師）が，トイレに行く高齢者に同行して介助すべきか
- 高齢者自らが介助を断ったことについての過失相殺の可否

1 事案の概要

A（72 歳）は，平成 13 年 5 月 7 日，多発性脳梗塞の治療のため Y が経営する B 病院に入院をした。A には，左上下肢に麻痺があって歩行に不安があり，看護師からトイレに行く際は必ずナースコールをするように指示されていた。A は意識障害はなく，看護師の指示を理解する能力はあった。A は入院当日何度かトイレに行ったが，最初の数回はナースコールをして看護師が同行したものの，日付が変わるころにはナースコールをせず，一人でトイレに行っている姿を看護師に目撃されるようになった。

入院翌日早朝，担当看護師が A の部屋に様子を見に訪れたところ，A がトイレに行きたいと言った。担当看護師はトイレまで A と同行したが，A が「一人で帰れる，大丈夫」と言ったためトイレの前で A と別れ，A がトイレで用をすまして病室に戻るまで同行をしなかった。

その後，A が自分の病室のベッドの側で後頭部を強打して倒れているところを発見され，A はそのまま意識が戻ることなく死亡した。

X（A の相続人）は Y に対し，不法行為又は債務不履行を理由として損害賠償請求を行った。第 1 審は担当看護師らに A がトイレから出た後，病室まで介助しなかったことに過失はあるものの，当該過失と A の転倒に因

果関係が認められないとしてＸの請求を棄却した（Ａがトイレから帰ってきた際に介助なしでベッドに戻ろうとしたために転倒したのか，トイレから一人で帰ってきた後に，全く別の用事で改めてベッドから降りて転倒したのか不明であるという趣旨である）。それに対しＸが控訴したのが本件である。

2 結論

原判決を取り消す。担当看護師らに過失があるとの判断を維持したうえで，看護師らがＡがトイレから帰る際に病室まで付き添わなかったことと，本件事故には因果関係があるとしている。

当該判決の論理構成は多少特殊なところがある。判決は，「Ａがベッドわきで転倒していたのが，トイレから一人で戻ってきた際に転倒したためであると断定はできない。Ａは看護師とトイレで分かれて一人で病室に帰ってきてベッドに戻ったのち，あらためて一人でトイレに行き，その帰りに病室で転倒した可能性もある」とした。

しかし，裁判所は，仮に上記のような事実があったとしても，Ａは「看護師がトイレからの帰りに付き添わなかったことから，『ナースコールなしで一人でトイレに行くことを容認された』と考え，ナースコールをしなかった」と認定し，看護師がトイレの帰りにＡに付き添わなかったこととＡの転倒には，やはり因果関係があると認定した。

その上で，Ａにはナースコールをする能力は十分あったにもかかわらずナースコールをしていないということを認め，８割の過失相殺を認めた（損害の２割の額について請求認容）。

3 争　点

【争点を考える上でのポイント】

(1)　Ａの入院後の行動や診察結果から，Ａが単独でトイレに行く

等した場合，転倒する可能性のあることが予見できるか
(2) Aがトイレに行く際，行き来について必ず看護師が付き添って介助するまでの義務があるか

本件のAは，事故の前日にB病院に入院したばかりであった。そのため，B病院の看護師らはAの運動状況について正確に把握できていたとはいいがたい。もっとも，Aは入院に先立ってCTの施行等の検査を受けており，その病状はある程度B病院に把握されていた。また入院初日にAは複数回トイレに行っているが，その際，ナースコールをせずに単独で点滴棒を押しながらトイレに行っている。

上記の状況の下で，B病院の看護師がAの転倒する可能性を把握し，トイレに行く際には必ず付き添うべき義務（結果回避義務）があるかが争点となった。

4 提出されたと考えられる記録

本件では，事故の起きたところが病院であること，入院後まもなくの事故であることから，提出されている記録は看護記録そのものの他ないと思われる。

看護記録内の「データーベース1」で，診断名として多発性脳梗塞，主訴として左上下肢不全麻痺，入院までの経緯欄に，1か月前より，手足のしびれがあったが，2，3日前より左上下肢の脱力が出現し，左脚をひきずるようになったという記載があった（この部分が，介護施設の記録にあるフェースシートに相当する部分と思われる）。

また，「経過記録」と題する書面（当該部分が日々の看護の日報である）の中で，「注意事項」として，左上下肢の不全麻痺があり転倒などの危険性があること，及び，転倒などの外傷の危険性に対し，トイレなどの際には必ずナースコールを押すよう指導・説明したことが記載されていた。

さらに，看護師が作成した「問題リスト」では，脳梗塞に関連した左上下肢の不全の危険性があるという記載があり，「看護計画」には，必ずナースコールを押すよう指導する旨の記載があった。

5 判決の分析

このケースでの裁判所の判断は次のとおりであった。

まず，裁判所は，Ａは72歳と高齢であり，多発性脳梗塞と診断され，軽度ではあるが上下肢の片麻痺が症状として観察されたことから，看護師は，Ａが転倒等によって外傷を負う危険性があることを認識していたとする。

このように認定した理由として，裁判所は，①患者の年齢，②病名（診断名），③麻痺の部分と程度，④医師から付添をするよう指示があったことを挙げている。当該事実のうち①②はともかく，特に③の部分について裁判所は，Ａが徒手筋力テストで６段階評価の４であったこと（６段階評価のうち，５が正常，０が全く動かない状態），Ａの場合，やっと一人で歩くことは可能であるが，かろうじて足が上がる状態であり，正常な筋力はなかったことを理由とした。この点自体は医師の検査記録等から明らかであると思われる。

本件で重要と思われるのは，上記よりむしろ結果回避義務の点，すなわち看護師がトイレに行くＡに，行き帰りとも付き添うべきであるか，車いすやポータブルトイレを使用させるべきかという点である。

裁判所は上記の点について，①Ａが入院したばかりであり判断するための情報があまりなく，そのため，②看護師の介助・付添があるからこそＡが歩行してトイレに行くことを差し支えないと判断した（詳細は不明であるが，その時点で分かっている病状からして看護師の介助があれば車いすやポータブルトイレを使用せずに歩いてトイレに行っても構わないと判断した）ことから，病室からトイレで用を済ませ，再び病室に戻るまで付添をすべきであるとした。そして，これを怠ったことから，転倒を防止する義務に違反したものと認定している。

本件では，Ａは入院前にCT等の検査を受けており，左上下肢麻痺があることが明らかになっている。にもかかわらず裁判所がＡが入院したばかりであり判断するための情報があまりないと判断するのは，裁判所はＡの具体的な歩行状況については入院先の日々の記録，例えば看護記録等を重視し，検査の結果だけを根拠にＡの歩行能力を認定することはしないという趣旨と考えられる。本件では事故前に，Ａが一人で歩いてトイレに行っている様子が目撃されているが，この程度では判決の基礎となる事実とは考えられないようである，

また，裁判所はＡについて２割の過失相殺を認めている。

裁判所は過失相殺の判断理由として，①入院時，Ａの意識は清明であり，トイレに行く際には必ずナースコールをするようにとの指示を理解する能力があること，②トイレに行く際にはナースコールをし，看護師の介助・付添によって歩行するよう繰り返し指示をしていること，③看護師が付添をしなかったのは，トイレに歩いて行きたい（ポータブルトイレは使用したくない），一人でトイレに行きたいとのＡの意思を尊重したとも評価しうること，を理由として挙げている。

このうち，③の理由はともかく，①②の事実は看護記録等に記載が無ければ認定できない事実であり，看護記録が残されていることが重要であったと思われる。

本件判決に現れる記録の付け方について分析する。

まず，本件では，「転倒の危険性」は，Ａの年齢，脳梗塞という診断名，麻痺の部分，麻痺の程度（テストの結果）などから，認識されたとしている。加えて，脳梗塞の治療として２本の点滴が実施されていることから，Ａがトイレに行く回数が増えることが予想されていた。

これに対し，「経過記録」の注意事項として，看護師がＡに，トイレなどの際には，必ずナースコールを押すよう指導していたとの記載があった。また，Ａが一人歩きをしたことに対し，必ずナースコールをするよう注意をしたことが記録に残されている。ナースコールをするように指導したこ

とが記録上明らかであることから，過失相殺につながったものと思われる。判決文中でも，過失相殺の判断に際してＡに転倒の危険性があることをきちんと医師が説明をしたこと，具体的に看護師の介助・付添によってするよう医師が注意をし，更に看護師が説明をしたことが判断の根拠となっている。

このように，診断名などから予想される危険性に対して，具体的にどのような対応をすべきであるかといった指示の内容，及びその指示に従った行為が，記録として残っていることが重要である。

6 推奨される記録のつけ方

良くない介護記録の例

○月○日午前○時　Aさんが一人で点滴棒を持って歩いていた。

一人で歩かないように注意をした。

推奨される記録の例

○月○日午前○時　Aさんが一人で点滴棒を持って歩いていた。

転倒の危険があるので，歩く際には必ずナースコールをするようにあらためて注意をした。

部屋まで付き添いをした。

コメント

前記の記載例で，事実の記録はされているよう思える。

しかし，最初に医師がAについて転倒の危険性があるためにナースコールと看護師の付き添いを指示していたことを確認するため，「ナースコールをするようあらためて注意し」と指示内容をより正確に書き，それに対応して，「部屋（危険がないと確信できるところ）まで付き添いをした」と行動した記載をすることが望ましい。

事例▶11

社会福祉協議会が派遣したボランティアが身体障がい者の歩行介護を行っている間に身体障がい者が転倒した事例

東京地判平成10年7月28日（判時1665号84頁）

ポイント

社会福祉協議会が派遣したボランティアの介護提供中の事故について，社会福祉協議会が損害賠償責任を負うか

1 事案の概要

Ｘ（原告）は，脳出血により左半身麻痺の後遺症が残ったため，自宅から病院に通院してリハビリテーション訓練を受けていた。この通院について，Ｘは，社会福祉法人であるＹ協議会（被告社会福祉協議会）が設置運営するボランティアセンターから派遣されたボランティアによる歩行介護を受けていた。平成４年７月１日はＹ１がボランティアとして歩行介護をしていたが，Ｘは，病院でリハビリ訓練を受けて帰宅する際，病院玄関付近で転倒し，右足大腿骨頭部を骨折した。Ｘが転倒した際，Ｙ１はＸの側から離れていた。

そこで，Ｘは，Ｙ協議会に対し，ボランティア派遣契約の債務不履行に基づく損害賠償を，Ｙ１に対し，不法行為に基づく損害賠償を請求した。

2 判決の内容

結論 原告の請求をいずれも棄却。

3 争　点

【争点を考える上でのポイント】
(1)　XとY協議会との契約関係の存否
(2)　Y１の過失の有無

(1)　Y協議会が設置運営するボランティアセンターが，センターに登録するボランティアを「派遣」することの法的な解釈をどう考えるか。XとY協議会との間に準委任契約たる介護者派遣契約が成立するか。

Y協議会のXに対する債務不履行責任の有無の判断にあたり，両者の間にY協議会の債務（注意義務）の原因となる契約関係があるかどうかが争点となった。

(2)　Xが転倒したことについて，Y１に注意義務違反の過失があったか。

4 提出された介護記録等

(1)　Y協議会に対する請求

本件でY協議会に対する請求については，ボランティア派遣における利用者とボランティアセンターとの契約関係の有無が争点であり，社会福祉協議会の法人としての目的や事業内容，ボランティア活動の性質から判断されているため，個別の介護記録等は検討されていない。

Y協議会の登記事項や定款，ボランティアセンターの設置運営に関する規定，運営要綱などが引用されている。

(2)　Y１に対する請求

Xの障害の状況や病院のケースワーカーからY協議会に対する引き継ぎ内容，本件事故発生当時のXとY１とのやりとり等について認定されているが，提出された介護記録等は判決文からは不明である。

5 判決の分析

(1) XとY協議会との契約関係の存否

ア　Y協議会におけるボランティア派遣に関する体制

Y協議会は，その事業の一つである社会福祉に関する活動への住民参加のための援助として，ボランティアセンターを設置しており，センターは，「ボランティアセンターの設置運営に関する規程」によれば，①ボランティアの登録及び派遣，②ボランティアの育成，③ボラティア活動についての情報，資料の提供，④ボランティア活動の資材，場所の提供，⑤ボランティア活動についての相談，助言，⑥ボランティアコーナーの設置の事業を行うことになっていた。

また，ボランティアセンターの運営要綱には，「ボランティアとして活動しようとする者は，登録の申出をし，ボランティアカードに記帳後，登録証の交付を受けるものとする。」「ボランティア登録証を受けた者は，センターからの派遣要請について可能な限りボランティア活動に協力するものとする。」と規定され，「ボランティア派遣依頼者は，センターに申込み，ニードカードに登録しなければならない。派遣依頼者は文京区在住者とする。」と規定されていた。

イ　ボランティア「派遣」の意味

ボランティア活動は，本来，他人から強制されたり，義務としてなされるべきものではなく，希望者が自分の意思で行う活動であるから，ボランティアセンターに登録したボランティアも，ボランティアセンターに対する義務としてボランティア活動を行っているのではなく，ボランティアセンターの求めに応じて活動を行うようになったからといって，Y協議会とボランティアとの間に何らかの法律関係が発生するわけではない。

このことからすると，ボランティアセンターが，派遣依頼者の求めに応じてボランティアを「派遣」することになっても，Y協議会と派遣依頼者との間に，ボランティアの活動を債務の内容とするような準委任契約が成立するとみることはできない。

Y協議会ないしセンターが行っているボランティアの「派遣」とは，ボランティア派遣の依頼があったときは，登録したボランティアの中から適切なボランティアを紹介することを意味するにすぎず，派遣する法的義務まで負うものではない。

ウ　結論

XとY協議会との間に準委任契約たる介護者派遣契約が成立したと解する余地はないとして，この契約の成立を前提とするXの請求を棄却した。

(2)　Y１の過失の有無

ア　ボランティアの注意義務について

ボランティアとしてであれ，障害者の歩行介助を引き受けた以上は，善良な管理者としての注意義務を尽くさなければならず（民法 644 条），無償の奉仕活動であるからといって，直ちに責任が軽減されることはない。

しかし，素人であるボランティアに医療専門家のような介護を期待することはできない。

歩行介護を行うボランティアには，障害者の身を案ずる身内の人間が行う程度の誠実さをもって通常人であれば尽くすべき注意義務を尽くすことが要求されている。

イ　本件事故の発生状況

Xは，病院の地下１階で歩行訓練を行い，Y１は，訓練が終わったXに付き添ってエレベーターで１階まであがり，本件事故現場となる玄関に向かった。Xは右手で杖をついており，Y１は，Xの左腕に右手を入れて歩行介護していた。

玄関の風除室まで来たところ，車寄せにタクシーがいなかったため，Y１は，Xを左側の壁際に連れて行き，「ここで待っていてください。タクシーを呼んできますから。」と言い残して，小走りで玄関から外に出たところ，すぐにドサッと音がして振り返ると，Xが玄関外側の自動ドアのマットの上に倒れていた。ＸはＹ１がタクシーを呼びに行くことを理解していた。

ウ　結論

Ｘは，Ｙ１がタクシーを呼びに行ったことは理解しており，Ｙ１がＸを待たせた場所は立っているのに危険な場所では無かったし，長時間待たせてもいない。

Ｘは立っていることはかなりできるが，歩行には近位監視歩行が必要であり，そのことはＸも理解していたはずである。

Ｘは，Ｙ１に指示された場所で待つべきであったし，Ｙ１はそのことを期待することはできたが，Ｘは，おそらく少しくらいなら大丈夫との判断に基づいて歩き始めたと思われる。

結局，本件事故は，判断を誤って介護者なしで歩き始めたＸ自身の過失によって生じたものであり，Ｙ１に過失はなかったとして，Ｘの請求を棄却した。

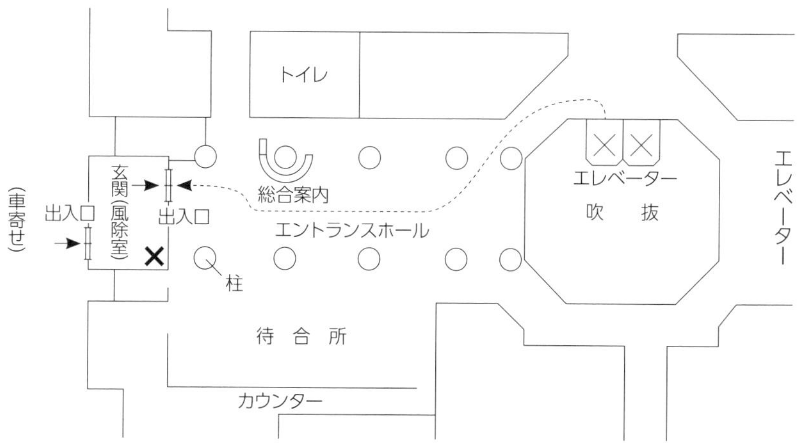

⑶　評価

超高齢社会を迎え，介護サービスの需要は高まる一方，担い手の不足が懸念されることから，今後，本件のような市民ボランティアのニーズも一層増え，それに伴うトラブルの発生も増加すると思われる。

本判決は，ボランティアという活動の特性から社会福祉協議会の責任を否定し，またボランティアスタッフの注意義務の程度について基準を示したものであり，実務上参考になるものである。

しかし，本判決が述べるとおり，社会福祉協議会がボランティアの派遣義務を負わないとしても，そのことによって，いったん派遣したボランティアの活動についても責任を負わないという結論については，疑問の余地があるように思われる。

なお，本件でＹ１の責任が否定されたことは，妥当であろうが，仮にXに認知症等があり，Ｙ１の指示を理解出来ない場合であれば，また違った結論になると考えられる。

6 推奨される記録のつけ方

ボランティアの派遣依頼の際に，被援助者本人の状況や支援内容，注意事項について，具体的かつ詳細に記録しておくべきである。

申込みカード自体は，簡潔なものであるとしても，派遣前には，スタッフから聴き取りをし，派遣の前提となる条件を十分に確認して記録に残しておき，ボランティアに引き継ぐことは，事故発生の予防にもなるし，万が一事故が発生した場合の派遣（紹介）団体の責任の判断においても重要な要素となると思われる。

また，ボランティアから派遣（紹介）団体に対する報告においては，介護施設のように詳細な記録をつけることは困難であるとしても，本人の要望や注意事項，ボランティアが気になった事項等をできる限り記載し残しておくことが重要である。

今回のような継続的にボランティア派遣をしている事案においては，事故発生当日だけでなく，それまでのボランティアの内容から，被介護者の状態や過失の有無について立証できる場合もあるだろう。

事例▶12

高齢で歩行が不安定なデイリービス利用者が，トイレ内での歩行介助を拒否し，転倒して重篤な後遺障がいが残った事例

横浜地判平成 17 年 3 月 22 日（判タ 1217 号 263 頁）

ポイント

施設職員は，利用者に対して，トイレ内での歩行介助を強く説得するべきであったか

1　事案の概要

X（原告）は事故当時 85 歳の女性である。歩行不安定等のため要介護２と認定されていたが，日常の意思決定を行うための認知能力は認められている。Y（被告）は，市の委託により通所介護施設を運営管理する社会福祉法人である。Xは，平成 12 年，Yとの間で通所介護契約を締結し，週に１回の通所介護サービスの利用を始めた。

Xは，杖をついて歩行することはできたが，不安定で，いつ転ぶかわからない状態であり，Yもその危険性を認識し，移動にあたっては職員が直近での見守り又は実際に手を貸しての移動介助を行うなど，原告の転倒防止に努めていた。なお，Xはトイレ内の排せつ動作は自立しており，職員はトイレ入口までの歩行介助を行い，トイレ内での介護はしていなかった。

平成 14 年 7 月 1 日，Xは，本件施設において，午後３時頃まで通所介護サービスを受けた後，同施設２階にあるソファーに座って，送迎車が来るのを待っていたところ，特に尿意等はなかったが，いつもどおりトイレに行っておこうと思い，杖をついて同ソファーから立ち上がろうとした。

その動作を見た職員Aは，転倒防止のため原告の介助をしようと考え，Xの側に来て，「ご一緒しましょう。」と声をかけた。Xは，「一人で大丈

夫。」と言ったが，Aは，「トイレまでとりあえずご一緒しましょう。」と言い，上記ソファーから，その近くにあるトイレ（以下「本件トイレ」という。）の入口までの数 m の間，右手で杖をつく原告の左腕側の直近に付き添って歩き，原告の左腕を持って歩行の介助をしたり原告を見守ったりして，歩行の介助をした。

このソファーの近くの本件トイレは，他の通常の女性用トイレと異なり，車椅子で利用しやすいように個室内が広く，入口の戸から便器までの間の距離が約 1.8m あって，原告が利用する場合，この間を歩行しなければならず，また，横幅の距離は約 1.6m であるところ，入口から便器まで行く間の壁には手すりがなかった。手すりは便器のすぐ横に付いているだけである。

Xが本件トイレに入ろうとしたので，Aはトイレのスライド式の戸を半分まで開けたところ，Xは本件トイレの中に入っていった。Xは，本件トイレの中に入った段階で，Aに対し，「自分一人で大丈夫だから。」と言って，内側から本件トイレの戸を自分で完全に閉めた。ただし戸の内鍵はかけなかった。

このとき，Aは，「あ，どうしようかな。」と思い，「戸を開けるべきか，どうするか。」と迷ったが，結局戸を開けることはせず，原告がトイレから出る際にまた歩行の介護を行おうと考え，同所から数 m 離れたところにある洗濯室に行き，乾燥機からタオルを取り出そうとした。なお，本件事故以前，Xが本件トイレを利用するときに，職員が個室内までの歩行介助をしたことはなかった。

一方，戸を閉めた原告は，本件トイレ内を便器に向かって，右手で杖をつきながら歩き始めたが，２，３歩，歩いたところで，突然杖が右方にすべったため，原告は横様に転倒して右足の付け根付近を強く床に打ち付けた。Xの「痛い。」という叫び声を聞いてAが戻り，やがて看護師も来たが，骨折には気付かず救急車を呼ぶこともなく，XはYの車で整形外科へ連れて行かれ，そこで右大腿骨頚部内側骨折と診断され，他院に搬送されて入院・手術となった。しかし，以後，Xは生活のほぼ全てに全面的な介護を要する状態となり，要介護４の認定を受けた。

Ｘが Ｙを被告とし，①Ｘが転倒することは予見可能であったこと，②Ｙは，トイレ内まで歩行介助をするなどＸの転倒を防止する措置を講じていなかったことを理由に，不法行為あるいは債務不履行を理由として損害賠償を請求。

2 判決の内容

結論 原告の請求認容（ただし，過失相殺あり）。

理由 Ｘの当時の状態からみて，Ｘの転倒は予見可能であり，転倒防止の措置を怠った過失があると判断した。

3 争　点

【争点を考える上でのポイント】

⑴　Ｘの転倒はＹにおいて予想することができたか

⑵　Ｘの転倒に備えて十分な転倒防止策が講じられたか。特に，本人がトイレ内での介護を拒絶しているときでも，結果回避義務として歩行介助をするべきであったのか。それは，本人の意思尊重の観点から問題がないか

⑶　本人にも過失があるとして，過失相殺が適用になるか

本件では，記録からはＸが歩行が不安定であることが読み取れる。一方，Ｘは職員がトイレを介助しようとするのを「一人で大丈夫だから」と拒否している。

このような介護の拒否があった場合について，それでも事故が発生すれば介護施設は責任を負うのかについて審理されている。本件は介護拒否の

場合に事業者が責任を負わないとするためには，どのような要件が必要なのか，そして事業者がどのような行動を取ったかについて，いかに記録しておくべきかを知るための好材料である。

4 提出された医療記録等

転倒の予見が可能であったかに関して，Ｙの通所介護記録書（歩行介助を行っている様子が何回も記録），また，介護認定に関して作成された主治医意見書，認定調査票，その他介護認定審査会資料が提出され，Ｘについては常時の歩行介護が必要である旨が裏付けられた。

5 判決の分析

以下，上述した争点ごとに分析を試みたい。

(1) 予見可能性について

Ｘは，従前より足腰の具合が悪く，70 歳の頃に転倒して左大腿骨頚部を骨折したことがあり，本件施設内においても平成 13 年２月 12 日に転倒したことがあること，本件事故前のＸの下肢の状態は，両下肢の筋力低下，両下肢の麻痺，両膝痛，両膝の屈曲制限，左股関節，両膝関節及び足関節の拘縮，下腿部の強度の浮腫，足部のしびれ感，両足につき内反転気味の変形傾向などがあり，歩行時も膝がつっぱった姿勢で足を引きずるような歩き方で不安定であり，何かにつかまらなければ歩行はできなかったこと，原告の主治医においても原告の介護にあたっては歩行時の転倒に注意すべきことを強く警告していることからすると，本件事故当時において，Ｘは，杖をついての歩行が可能であったとはいえ，歩行時に転倒する危険性が極めて高い状態であり，また，原告のそのような状態について本件施設の職員は認識しており又は認識し得べきであったといえる。

本件トイレについても，入口から便器まで 1.8m の距離があり，横幅も 1.6m と広く，しかも，入口から便器までの壁には手すりがないのであるから，原告が本件トイレの入口から便器まで杖を使って歩行する場合，転倒する危険があることは十分予想し得るところである。

(2) 結果回避義務について

前述の転倒の一般的危険性からすると，Ｙは，通所介護契約上の安全配慮義務として，送迎時や原告が本件施設内にいる間，原告が転倒することを防止するため，原告の歩行時において，安全の確保がされている場合等特段の事情のない限り常に歩行介護をする義務を負っていたものというべきである。

本件トイレについても，その危険性からすれば，Ａとしては，原告が拒絶したからといって直ちに原告を一人で歩かせるのではなく，原告を説得して，原告が便器まで歩くのを介護する義務があったというべきであり，これをすることなく原告を一人で歩かせたことについては，安全配慮義務違反があったといわざるを得ない。

(3) 過失相殺

Ｘが，車椅子用の広いトイレを選択していること，トイレ内部の歩行介助について，「自分一人で大丈夫だから。」と言って自らトイレの戸を閉め，誤って転倒したことには，Ｘ側にも過失があるとして，その過失割合は30％と判断された。

6 施設としてとるべき対応

(1) 判例に対する疑問点

上記判例では，意思能力に問題のない要介護者が介護拒絶の意思を示した場合であっても，介護の専門知識を有すべき介護義務者においては，要介護者に対し，介護を受けない場合の危険性とその危険を回避するための介護の必要性とを専門的見地から意を尽くして説明し，介護を受けるよう説得すべきであり，それでもなお要介護者が真摯な介護拒絶の態度を示したというような場合でなければ，介護義務を免れることにはならないというべきであると指摘されている。

したがって，利用者に対して意を尽くして危険性と必要性を説明，説得したにもかかわらず，利用者が拒否した場合には介護義務を免れることがありうることになる。しかし，（通常は尿意があって）トイレに行きたいと言っている利用者に対して，職員にそのような意を尽くした説明，説得を求めるのは，いささか非現実的ではないかと思われる。

また，トイレの中はプライバシーが守られなければならない空間であることから，本人に判断能力とある程度の身体能力（注意して移動すれば一人で用を足せること）が認められる限り，本人が真意をもって同行を拒否する以上，それ以上の同行を行うことには本人の自己決定権とプライバシーを侵害することになるという考え方もありうるところである。

⑵ 施設の対応の問題点

トイレでの介助には，①トイレ入口まで歩行介助，見守りを行う，②便器への移乗まで介助，見守りを行う，③着衣の上げ下ろし，排泄行為の後始末まで行うの３段階がありうるが，Ｘは，もともと①の介護範囲にあたる者であった。本件では，たまたまトイレが車椅子用で広かったことから，②を行うべきではなかったかが問われているものである。③までを求めるものではないので，そのことを利用者に丁寧に説明できれば，必ずしも本人の自尊心を損なうことになるものではない。

本件の事実関係で気になるのは，Ｘは帰宅前にはいつもこの車椅子用トイレを利用しているところ，これまで職員が中まで歩行介助をしたことはないと認定されている点である。他の歩行介助が必要な利用者がこの車椅子用トイレを使用する場合でも，同様の対応であった可能性がある。

高齢者用の通所介護施設であるから，転倒の危険のある利用者は大勢いるはずである。入口から便器まで 1.8m もあって，そこに至るまで手すりがなく，横幅も広いため壁に手を掛けて移動することもできないのであるから，歩行介助がなければ転倒してしまう危険がある利用者はそれなりにいるはずである。したがって，施設としては，車椅子用のトイレではあるが，不安定ながらも歩行可能な高齢者が利用することもありうるのであるから，①便器に至るまで安全に移動できるような手すりを設けるか，②職員に対して，歩行介助が必要な利用者の場合には，この車椅子用のトイレに限っては，便器に至るまで歩行介助をすることをルールとして徹底させておくべきであったようにも思われる。そうすれば，Ａのように，迷うこともなかったし，確信を持った態度で接することによって，利用者もさほど嫌な思いをしないで従えたのではないかと思われる。

したがって，施設側の対応には改善すべき点があったと考えられる。

7 推奨される記録のつけ方

本件のような介護拒否事案の場合，前記６にあるように「介護を受けない場合の危険性とその危険を回避するための介護の必要性とを専門的見地から意を尽くして説明し，介護を受けるよう説得すべきであり，それでもなお要介護者が真摯な介護拒絶の態度を示したというような場合でなければ，介護義務を免れることにはならない」と認定されることが多い。

一般的に介護拒否は，（例えば食事介護を嫌がるというように）特定の事柄について発生することが多い。そこで，介護拒否がある事案では，介護拒否があった際のことを具体的に記録に残しておくべきである。これにより，介護拒否から事故につながった際でも，「日頃から介護を受けないことの危険性を指摘していた」との立証が可能になる可能性がある。

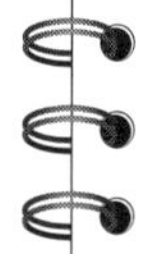

良くない介護記録の例

トイレに誘導しようとするも，拒否される。説得したが，結局一人で杖を突いてトイレに行く。

推奨される記録の例

トイレに行こうとしていたので，「一緒に行きましょう」

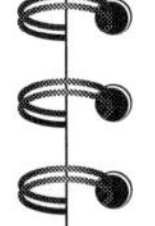

と申し出るも，「大丈夫，一人で行ける」と答える。「床を拭いたばかりですから，転んだら危ないですよ」と説得したが，職員の呼びかけを無視して一人で歩いてトイレに行こうとする。

良くない介護記録の例

ベッドから車いすに，一人で移乗する。

推奨される記録の例

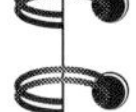

職員が「車いすにストッパーをかけないと危ないから，待っていてください」と言ったが聞き入れず，「大丈夫だよ。このくらい自分でできる」と言い，勝手に移乗してしまう。

事例▶13

知的障害者入所更生施設の入所者がトイレ内で転倒，負傷した事例

横浜地判平成22年３月25日（判時2103号91頁）

ポイント

施設は，トイレ内で入所者に常時付き添って介助する作為義務・安全配慮義務があるのか否か

1 事案の概要

Ｘ（原告）は昭和30年生まれの男性で，肢体１種１級の身体障がい者と認定され，知的障がいも有していた。

Ｘは，昭和42年10月11日から平成16年３月31日までｃ病院の閉鎖病棟に入院していたが，当該入院中，頻繁に転倒していた。なお，同病院入院中は，夜間個室施錠による隔離措置が採られていた。

Ｘは，同年２月から３月にかけて複数回の短期入所を経た後，Ｘの父が社会福祉法人Ｙと知的障害者入所更生施設サービス利用契約（以下,「本件契約」という。）を締結し，同年４月，Ｙが設置運営する知的障害者入所更生施設ａ園ｂ寮に入所した。ａ園入所後も，Ｘは転倒を繰り返した。

Ｘは，平成17年10月２日午前３時45分頃起床し，寮内を歩き回る等の多動性の活動を始め，トイレに行って少量の排尿をすることを７回以上繰り返した。当日のｂ寮の夜勤を１名で担当していたＹの職員Ｚは，同４時50分頃，Ｘが再びトイレに入っていくのを見て急いでトイレに駆けつけ，洋便器の前にかがんで手を汚水に入れているＸの後ろから両手で抱きかかえて立たせたところ，Ｘは，トイレ出入口のある洗面台方向に向かって小走りで進んでいったので，Ｚは，Ｘがトイレから出て行くのを見守っていた。ところが，Ｘは，洗面台付近で右折しようとしたものの，足がつ

いていかず，右前額部を洗面台又はその周囲の手すりにぶつけて転倒し，右前額部裂傷及び頸部脊髄損傷を負い，平成 18 年 7 月 31 日まで入院し，その後も後遺症が残った。

X及びその両親が，Yに対し，不法行為又は本件契約の債務不履行を理由に，損害賠償を請求した。

2 判決の内容

結論 原告らの請求棄却。

理由 Yの特徴である開放的処遇，人員配置上等の観点からみて，Yには，トイレ内で，常時Xに付き添ったりする義務までは認められず，Yに作為義務違反や安全配慮義務違反はないと判断した（なお，Xらは，Xの受傷は，Zの暴行が原因だとする主張もしているが，判決は，これを否定している。)。

3 争 点

【争点を考える上でのポイント】

(1) 結果回避義務違反

(2) YがXに対し負担する安全配慮義務の内容はどのようなものか

(3) 本件転倒時におけるZの作為義務・安全配慮義務

(1) Xがc病院入院時もa園入所後も転倒を繰り返していたことから，Yにおいて，Xの転倒の危険性が高いことは把握出来たといえる。したがって，Xの転倒に対する予見可能性は否定することは困難であると思われる。そこで，Yには，Xの転倒を回避する義務があったのか，すなわち結果回避義務の有無が，作為義務違反・安全配慮義務違反の中心となる。

(2)　Ｙが負担する安全配慮義務の内容を検討するにあたっては，Ｙの施設の性質や人員配置，さらにはＸの性質等が考慮要素となる。これらの要素を考慮して，Ｙにおいて実現可能な限度で，安全配慮義務を負担するにすぎないと考える。

(3)　本件転倒の発生時におけるＺの負担する安全配慮義務について，当時の職員の配置状況，転倒前のＸの行動，Ｘの特性等から，Ｚにどこまでの行為を期待すべきかを検討することになる。(2)について，事故当時の状況を当てはめて，実際にＺが行った以上の作為義務があったのか否かを判断することになる。

(4)　本件では，本件転倒発生時に，Ｚが行った行為以上の作為義務・安全配慮義務は認められないとされた。

4　提出された医療記録等

(1)　証拠の種類

裁判所の事実認定を見ていくと，裁判所は，Ｘがｃ病院入院中も，Ｙの施設に入院した後も頻繁に転倒していたこと，Ｙがｃ病院におけるＸの状況を認識していたこと，ｃ病院における支援体制とＹの施設における支援体制の差異，Ｘのａ園への入所（及び入所継続）の経緯等が，判決中にあげられている。したがって，Ｙが作成・保管していた介護記録，ｃ病院が作成してＹに提供されたＸに関する情報，ｃ病院が作成・保管している診療記録が証拠として提出されたものと考えられる。

さらに，Ｘのａ園入所後に，Ｙから市やＸの父らに対し提供されたＸのａ園での状況や介助に関する情報等も証拠提出されていると思われる。

本件転倒当日にＸの介助にあたっていたＺについても，当然証人尋問が実施されたものと思われるが，加えて，Ｙの人員配置等の介護体制や，ＸのＹ施設入所後の様子を証明するためのＹ側証人が採用された可能性がある。

5 判決の分析

以下，上述した争点ごとに分析を試みたい。

(1) Xの転倒に対するYの結果回避義務

XがY施設に入所するに当たって，Xのc病院入院時の様子や度重なる転倒の事実が，c病院からYに詳細に情報提供されていたこと，XがY施設に入所した後も，度々転倒をしていたこと等から，YがXの転倒の危険性を認識していなかったとは考えにくい。したがって，YにはXの転倒の危険につき予見可能性があったことを前提に，結果の回避義務を中心に，作為義務違反・安全配慮義務違反の有無を検討している。

この点，判決では，本件転倒の際，ZがXと手をつなぐなり，Xをつかまえ続けたりしていれば，Xの受傷は防げたと推認している。判決文で認定されている事実を見る限り，ZがXに対し，上記のような対応を採ること自体は，不可能であったわけではない。

しかしながら，判決は，結論において，Yには作為義務違反・安全配慮義務違反がないとしている。すなわち，YがXの転倒を回避するために，あらゆる手段をも採らなければならないとするのは，現実的ではなく，結果回避義務に一定の限界があることを明らかにしている。

(2) YがXに対し負担する安全配慮義務の内容（安全配慮義務の限界）

a園は，解放処遇を通じたノーマライゼーションの実現を目標としている施設で，入所者の身体拘束や行動制限を極力行わないことが，本件契約にも規定されていた。そして，a園の人員配置は，約120名の重度知的障がい者に対し，職員122名の支援体制で，Xが入寮していたb寮では，夜間は，1名の夜勤者が，知能指数30以下で言葉による意思交換ができない定員20名の男性入所者の不眠，多動，粗暴行為，情緒不安定，夜尿・便失禁，発熱の支援を行う体制であった。当該支援体制は，国指定の施設運営基準を満たすものであった。

これに対し，Xが以前入院していたc病院は，患者14名に対し概ね16名の支援員が配置されていた。Xは，c病院では閉鎖病棟に収容され，平成３年以降夜間は個室施錠による隔離措置が採られていた。

判決は，このようなｃ病院の体制下でも，Ｘの転倒を防ぐことが出来ていなかったことを引き合いに，人的配置でｃ病院に及ばないａ園は，Ｘに対し，「施設運営基準に基づいて設定する人員配置において，可能な限りの安全配慮義務を負っていたにすぎない」とし，安全配慮義務には限界があることを明示している。

また，Ｘがａ園に入所した経緯も，Ｙが，Ｘの転倒を全て防止する義務は負っていなかったことを裏付ける事情とされている。すなわち，Ｘは，ｃ病院の閉鎖予定に伴う受け入れ先を市と相談して探した結果，ａ園への入所が決まっているが，上記のとおりａ園の人員配置がＣ病院のそれに劣ることを前提とした入所であった。さらに，Ｘがａ園に入所してから３か月経過した平成16年７月時点で，Ｙは，Ｘの父及び市担当者との診断会議において，３か月の間にＸには転倒によるけがが生じており，今後も同様の危険があることを報告したものの，Ｘの父は入所継続を希望し，Ｘの入所が継続された。

その他，ヘッドギア装着や夜間の個室施錠についても，Ｘが個室施錠やヘッドギアを嫌い，これらを強制した場合にＸによる自傷他害の危険等が考えられることから，ＹがＸに対し，これらのハード面での対策を講じていなかったことも，安全配慮義務違反ではないと判断している。

これらの判断からは，本判決が，人員配置を中心としたａ園（ｂ寮）の状況やＸの特質，これらを前提にした本件契約の解釈等を総合的に考慮し，安全配慮義務の範囲（主に結果回避義務）が限定されると考えていると考えられる。

⑶　本件転倒時におけるＺの作為義務・安全配慮義務

判決は，上記⑵のとおり，一般的に，ＹがＸに対し負担している安全配慮義務に限界があることを示した上で，本件転倒時のＺにいかなる範囲で作為義務・安全配慮義務が課されるのかを検討している。

当日の夜勤は，生活支援員Ｚ１名で入所者18名を支援する体制であったが，Ｘの転倒時に起きて活動していた入所者はＸのみであった。そのため，Ｚがトイレ内で，Ｘに付きっきりで介助することは，物理的に不可能な状況ではなかったといえる。

それでも，判決は，①Ｘが洋便器に手を入れたところをＺに制止され，トイレ出入り口に向かった時点で，ＺはＸの問題行動を制止し得たとひとまず安堵することはやむを得ないこと，②Ｘは，手をつながれ続けたり，つかまえ続けられたりすることを好まないので，あえてＺがこれらの介助行為を行えば，ストレスから新たな問題を生じさせる可能性があること，③開放的処遇のａ園において，付きっきりの介助を職員の義務とすることは，Ｙの人員配置上不可能を強いる一方，ＹによるＸや同様の状態の知的障害者の受入れを困難ならしめ，かかる知的障害者らに開放的処遇を通じた成長や社会適応の道を閉ざすことになりかねないことを理由に，Ｚには，本件転倒時，Ｘの手を取ったり，腰に手を添えて付き添うなどして歩行を介助する義務はなかったとしている。

さらに，判決は，トイレは，床，壁，付属設備などが硬質素材であって，転倒した場合に受傷程度が高くなる危険性があるため，Ｘの転倒についてより注意すべき場所であったことは認めつつ，トイレへの出入りを繰り返していたＸに対し，常に付き添って介助し続けることは，Ｙの人員配置上不可能を強いることになるとして，トイレを覗くなどしてＸの様子を把握し，特段の危険がないか注意を払うことがＺの作為義務・安全配慮義務の限度であるとしている。

このように，本件転倒が生じた当時のＺの具体的義務について判断しているが，その判断基準・考慮要素は，上記⑵のとおりである。本件は，ＺがＸに付き添って介助することが物理的に不可能ではなく，かつＺがＸに付き添って介助していれば転倒や受傷が防げた事案であると思われるが，Ｙの施設の人員配置上の限界，付きっきりの介助を嫌がるＸの性質，転倒前に頻繁にトイレに出入りしていたＸの行動などから，Ｚによる義務遂行の現実性，常時付き添いを義務とした場合にもたらされる不利益を考慮し，作為義務・安全配慮義務の限度を示している。

したがって，施設の規模・性質・人員配置，被介助者の性質・行動，転倒場所等によって，介護者に課される作為義務・安全配慮義務の限度は，異なることはもちろんである。

(4)　認定の基礎となった証拠

以上から，本件の事実認定にあたっては，ａ園の人員配置のほか，Ｘの特性等が認定の基礎となっている。したがって，本件転倒時だけでなく，Ｘの日常的な行動・介助に対する反応などの正確な記録が重要な証拠となっているといえる。

6　推奨される記録のつけ方

本件では，Ｘの障がい特性からＸがヘッドギア等を嫌い，これを強制すると自傷他害のおそれがあったことから，Ｘに対してヘッドギア装着等の措置を講じていなくとも安全配慮義務違反とはならないとの判断がなされている。

特に入所者が障がい者の場合，障がい特性からやむなく一般的な安全措置を取れない場合もないではない。そのような場合，特に記録にその旨をしっかりと残しておく必要がある。

この場合，単に「本人が嫌がるから措置をしなかった」だけの抽象的な記載にとどまらず，一度はやってみたものの，具体的にどのような支障が生じたから措置を取れなくなったのか，もれなく記載をすべきである。

例１

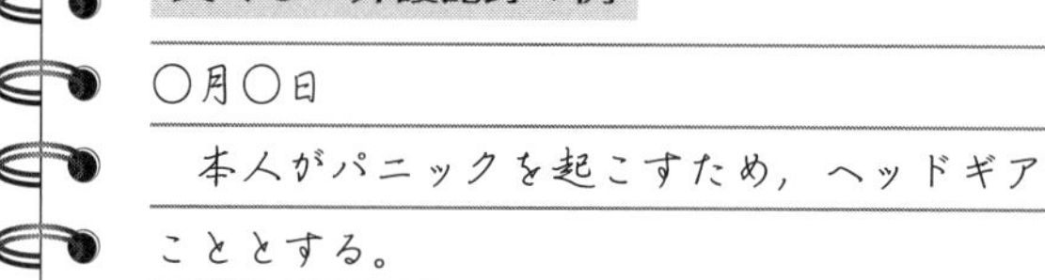

良くない介護記録の例
○月○日
本人がパニックを起こすため，ヘッドギア装着を行わないこととする。

推奨される記録の例

○月○日

本人に一度はヘッドギアを装着するようにお願いしたが，病院からの申送書にあるとおり嫌がって外そうとし，大声を出す。C病院から「ヘッドギアは嫌がり，無理に装着させると場合によりパニックを起こす」との記載があるため，これ以上無理に勧めることは断念する。

事例▶14

短期入所生活介護事業所に入所していた高齢者が居室内で転倒し死亡したことに対し，不法行為に基づく賠償請求が認められた事例

京都地判平成 24 年７月 11 日（判例集未登載）

ポイント

Ａが転倒することの予見可能性及び結果回避義務違反の存否。従前のＡの状況から転倒することが予見可能であったか，及びＹが結果回避義務を履行していたと言えるか

1　事案の概要

Ａは当時 81 歳の高齢者であり，脳梗塞を発症し，脳梗塞の後遺症として上下肢に麻痺が残存し要介護２の認定を受けていた（認知症高齢者の日常生活自立度はⅡａの判定）。Ａは通所介護サービスのほか，Ｙの経営する短期入所生活介護施設においてショートステイの介護サービスを受けていた。

その後，Ａは両足に熱傷を負ったことを契機として入院したが，その際認知症等の診断を受けた。退院後再びＹのショートステイを利用した。Ａは，退院後しばらくは歩行が困難であったが，熱傷が回復するにつれ，室内を杖歩行することも可能となった。

Ａは，本件事故の約２週間前にも，Ｙの施設内において転倒し，右目横を負傷したことがあった（前回事故）。Ａは，平成 21 年３月 15 日午前０時頃，居室において転倒し，その際頭部を打ち，同日開頭血腫除去術を受けたが，同月 27 日に急性硬膜下血腫により死亡した。

Ａの相続人であるＸが，Ｙに対し，債務不履行（安全配慮義務違反）又は不法行為（使用者責任）に基づき損害賠償を請求。

2 判決の内容

結論 Xに対し，3402万312円及び遅延損害金の請求を認めた。

理由 Aの事故当時の状況及びAが以前も転倒したことからすれば，Yには予見可能性があり，YはAの転倒事故を防止するための高度の注意義務を負っていたにもかかわらず，結果回避の防止策が不十分であったことから，Yには民法715条1項（使用者責任）に基づき賠償する義務がある（過失相殺なし）。

3 争　点

【争点を考える上でのポイント】

(1)　予見可能性及び結果回避義務違反の存否

(2)　過失相殺

(1)　Yの予見可能性について，Xは，Aには歩行能力があったが，事理弁識能力は低下していたこと，本件事故当時81歳と高齢で，約10か月前に脳梗塞となり，約3か月前には左足に熱傷を負ったため，歩行は不安定であったこと，本件事故の2週間前に同施設で前回事故が発生していたことに照らし，Yは，Aがベッドから起き出し，歩こうとする際，あるいは歩いている際に転倒することを十分予見できたと主張した。

これに対し，Yは，Aは杖の支えがあれば数歩に限って歩行することは可能であったが，支えのない状態で独力で歩行することはできなかった，Aは，一定程度の能力の低下は認められたものの，日常生活を送る分にはそれほど問題がない程度の事理弁識能力を有しており，トイレ等の訴えを自己の意思に基づき行い，職員に用事があるときは，日常的にナースコールをし，職員の指示も理解していたのであって，Aがナースコールを利用せず独力で支えなく歩行することを予見することは不可能であったと主張した。

また，Ｙの結果回避義務について，Ｘは，薬物により排泄をコントロールする義務があった，ベッドそばにクッションマットを敷くべき義務があった，離床センサーを設置すべき義務があったなどと主張した。

これに対し，Ｙは，薬物投与はＡの病状から避けるべきであり，また介護施設の職員が介護の便宜を理由に不快感を伴う薬物使用を実施することはあり得ない，Ａはベッドを支えとして立位を取ることが可能であったから，足下にクッションマットを敷くことは立位安定性を欠き転倒のリスクが増加する，日中車いすを利用していたＡにとってクッションマットの存在は快適な生活を阻害する，ショートステイ利用者にまで離床センサーを導入することは困難であり，かつ，ショートステイ利用者の居室は事務室等から最も離れたところに設置されていたため，離床センサーが稼働したとしても事故を回避する可能性が乏しかった，Ａは以前病院に入院中，自ら離床センサーを外しており，効果的でなかった，Ａに対しては１時間に１回の高頻度の巡回を行っていた，深夜に配置されていた介護職員は２名であり，これ以上の頻度の見守りは不可能であったなどとして，Ｘ主張の結果回避義務はなく，Ｙとして結果回避義務を履行していたと主張した。

⑵　Ｙから，Ａの認知能力はⅡａであり日常生活に関しては事理弁識能力に問題はなかった，Ａはナースコールも日常的に利用できており，Ｙの職員の指示を理解していた，Ａは付き添いのない状態での単独歩行が禁じられていたことは当然認識しており，にもかかわらずＡはあえて独力で歩行しようとして転倒した，Ｘら家族は自宅でのＡの状況等に関する適切な情報を提供しなかったなどとして，過失相殺が主張された。

4 提出された記録等

(1) 証拠とされた関係記録

本件において，Ｙのケアマネジャーがケアプラン作成に先立つ調査に基づき作成したフェイスシートが提出され，特記事項として，「病院入院中，Ａは，移乗時のふらつきが強いため，看護師を呼ぶよう指示されているが，呼ばない。」，「ベッドから立ち上がる時は，看護師を呼ぶよう話されているが，呼ばずに立ち上がり，転倒する。このためナースコールマットを使用しているが，外してしまう。」，「目にすればあればあるだけ食べてしまう。」，「自分にできることとできないことの判断ができず，立位のままズボンをはこうとする。」，「『嫁に保険証，銀行のカードを持って行かれた』と被害的に言うことがある。」，「病院のテレビのリモコンを嫁に持って帰られたと言うことがあり，家族が困っている。」，「気に入らないと急に怒り出す。」，「全く同じことを繰り返す。」，「助言されたことを聞かず，家族は困る。」，「今回，なぜ入院したのか覚えていない。」，「散髪した翌日，そのことを忘れ，散髪すると言う。」，「小銭入れ，かばん，カード，通帳の置き場所を忘れ，家族が困ることが週に１回はある。」旨の記載があること，ケアマネジャーが，Ａの日常生活自立度につきⅡａと判定したことが認定された。

また，Ｙの職員作成のケース記録が提出され，ベッド柵を持って立ち上がっている姿を発見，訪室時に独歩で車椅子を押している姿を発見，居室へ自分で戻り，車椅子を支えにドアを閉めようと歩行する姿を発見，車椅子を自操する姿を発見，自ら離床し，一人で車椅子で娯楽室まで来ている姿を発見，自ら居室より出て来て食堂で過ごす，夕食後自室に戻るがすぐ出てくる，夜間，居室へ誘導するも何度か出て来る，自らトイレを使用する，夜間，自ら室内のポータブルトイレを使用していることあり，などの記載があることが認定されたほか，本件事故前に生じた転倒事故後も，廊下を車椅子自操で食堂方面に向かう姿を発見した，居室へ誘導し，見守りのもと，自らベッドへ移乗，立位安定，介助を受けてトイレで排泄した後，居室に戻り臥床入眠したとの記載があったことが認定された。

さらに，前回事故の状況に対するＹの認識及び対応について，本判決は，ＡがＹの職員にした説明からすると，Ａが起床しようと思い，立位を取りベッドに手をかけたところ，キャスターがロックされていなかったためベッドが移動し，Ａがバランスを崩して転倒したことが推測された，Ｙは，Ａの両足の痛みが軽減してきた結果，立ち上がる能力が少しずつ回復してきたものと判断し，ベッドのキャスターロックを必ずするとともに，単独での立ち上がり防止のため，「お手洗いに行かれる時はこのボタンを押してくださいお手伝いさせてもらいに来ます。」と記載し，上方のナースコールボタンを指さす手の形を描いた板を居室内に掲示した，周囲に何もなければ立ち上がる必要もないとの判断から，ベッド横の物置台及び室内の簡易トイレを撤去し，車椅子をベッドから最も離れた部屋の反対側に移した，と認定した。当該認定の根拠となった証拠は明らかでないが，介護事故については記録が義務づけられていることから（短期入所生活介護について，指定居宅サービス等の事業の人員，設備及び運営に関する基準139条の２，37条２項），当該記録が提出された可能性がある。

5　判決の分析

本件は，歩行能力が回復傾向にあった利用者に対し，回復度合いに応じた適切な対応がとれなかったと認定されたことから請求が認容された事案と考えられる。以下詳述する。

(1)　Ａの心身の状況について

Ａの心身の状況について，Ｙは，Ａが杖等の支えのない状態で独力で歩行することは困難であったこと，事故当時Ａの認知能力はⅡａで，Ａには日常生活には問題ない程度の事理弁識能力を有しており，ナースコールを日常的に使用していたと主張していたが，判決で指摘されたケース記録の記載は，Ａがナースコールを利用せず独力で移動しようとしていたことなどが推認される内容である。

この点，Ｙから主張されたⅡａは認知症高齢者の日常生活自立度のランクであり，Ⅱは「日常生活に支障を来すような症状・行動や意思疎通の困難さが多少見られても，誰かが注意していれば自立できる」状態であり，Ⅱａは「家庭外で上記Ⅱの状態が見られる」状態である（分類については，平成 18 年 4 月 3 日老発第 0403003 号参照）。認知症高齢者の日常生活自立度は，要介護認定の際の介護認定審査会資料及びその元となる認定調査票や主治医意見書に記載されている。当該ランクの内容からすれば，事理弁識能力があったとするＹの主張に沿うようにも思われるが，実際は当該ランクだけでは具体的な症状が明らかとなるわけではないから，Ａの認知能力を認定するには具体的事実の主張が必要である。

そして，Ｙの主張を裏付けるような具体的事実の記載がケース記録に存在したかは定かでないが，裁判所が認定した事実からすれば，むしろＹの主張に沿わない記載が複数存在していたことが推認される。事業者としては，自らが主張する内容について自ら作成するケース記録に記載がないことは，事実認定上不利益な方向で考慮されるおそれがあることに注意する必要がある。

(2)　予見可能性について

本判決は，Ａが両足に熱傷を負ったことで歩行能力が一旦減退したものの，前回の事故直前の入所時には，介助を受けながらも安定した杖歩行を行っていたこと等の事情からすると，Ｙの従業員である管理者又はその補助職員は，前回の事故前頃には，Ａが立位の状態から支えなく踏み出し多少前進する程度の身体能力を有することを認識することは可能であった，Ａがナースコールをすることなく移動し転倒する場合があることは十分予見可能であった，夜間，トイレに行くため移動しようとする可能性があることを認識できたと判示した。

判決の認定した事実からすれば，ＡがＹの職員の介助を受けずに独力で移動する可能性のある事実がＹ自ら作成したフェイスシートやケース記録に記載されていたのであるから，ＹにはＡが独力で立位し転倒する危険性について，具体的予見可能性があったものと言える。

⑶　結果回避可能性について

本判決は，Ｙが行っていた方策（ナースコールをするよう念入りに指示する，１時間ごとの看視）ではいずれも不十分であって，遅くとも前回事故直後にはベッドから離れようとしたときにそれを感知して通報する離床センサーを設置し，夜間には，転倒の際の衝撃を緩和する介護用の衝撃吸収マットをベッドから一定範囲に敷き詰めるべきであった，Ｙが実際に行った方策は，単独では本件事故のような転倒事故の防止策として不完全であるが，これらを併用することによって上記事故の防止が可能となると考えられる，と判示した。

短期入所生活介護を併設する特別養護老人ホームに関しては，夜勤の最低人員配置基準が規定されている（厚生労働大臣が定める夜勤を行う職員の勤務条件に関する基準１号ロ⑴㈠等）。本件施設は入所者60名で２名の夜勤職員であったことから，最低人員で対応していたものと考えられる。介護業界における人材不足により，Ｙ施設と同様に最低人員での対応を強いられている施設もあるものと思われるが，最低人員の配置での巡回による看視には限界がある。また，巡回の頻度を上げたとしても，本件のような離床による転倒を防止することは容易ではない。転倒等の事故の防止には，看視を補完するための複数の方策をとることが必要である。

なお，Ｘが主張した事実のうち，薬物（浣腸）による排便のコントロールは妥当性に疑問が残るとして採用されなかった。高齢者の尊厳の尊重の観点からは，介護の便宜を理由とした，利用者に負担のかかる薬物投与は避けられるべきであり，その点で本判決は妥当な判断をしたものと解される。事業者としては，利用者に対しより制限的でない方法を選択する必要がある。

⑷　過失相殺について

Ｙは，Ａが日常生活に関しては事理弁識能力に問題はなかったこと，Ａが本件事故まではナースコールも日常的に利用できており，Ｙ職員の指示も理解していたこと，ＡがＹの職員の付き添いのない状態での単独歩行は禁じられていたことは当然認識していたこと，Ａの家族からの情報提供がなかったことを理由として過失相殺を主張したのに対し，本判決は，Ｙは，Ａが入院先の病院で指示に従わず看護師を呼ばずに立ち上がって転倒したことなどを承知の上で本件契約をした以上，Ｙの職員は，ＡがＹの職員の指示どおりに行動しないことがあることを前提に，転倒事故等が発生しないよう注意すべき義務を負う，ＡがＹの職員の事前の指示に従わないことは想定された事態であり，それによる危険発生防止はＹの契約上の義務であるから，Ａの指示違反は過失相殺事由にはならない，家族からの情報を除外しても，自ら収集した又は収集し得た情報に基づき，本件事故の発生を予見することはできたなどとして，過失相殺を認めなかった。

高齢者を預かる介護施設は，当該高齢者の心身の状況を踏まえて妥当適切に援助することが求められている（指定短期入所生活介護事業者につき，指定居宅サービス等の事業の人員，設備及び運営に関する基準128条1項等）。認知症により判断能力が低下している高齢者の場合，必ずしも高齢者本人による合理的な行動を期待できないことがあるから，事業者としては，当該高齢者の状況にも配慮しなければならないことは当然と言える。

6 推奨される記録のつけ方

本件は，Ａの事理弁識能力の低下（認知症の具体的エピソード）について，かなり詳細にケアマネジャーが記録を残している。本件ケアマネジャーの記録はケアプラン中の記載と思われるが，日々の介護記録にも同様に詳細な記録を残すべきである。

良くない介護記録の例

物盗られ妄想あり。家族が物を持ち帰ってしまうという。
ナースコールの指示が入らない。

推奨される記録の例

物盗られ妄想あり。「嫁に保険証，銀行のカードを持って行かれた」と被害的に言うことがある。病院のテレビのリモコンを嫁に持って帰られたと言うことがあり，家族が困っている。ベッドから立ち上がる時は，看護師を呼ぶよう話しているが，呼ばずに立ち上がり，転倒する。ナースコールマットを使用しているが，なぜそれがあるか理解できず，外してしまう。

事例▸15

デイケア利用中のがん患者である高齢者が，階段から転落した事例

東京地判平成24年11月13日（判例集未登載）

ポイント

- Aが階段の昇り降りをするに当たり，転落することが予見できたか
- 仮に予見できた場合，結果回避のために1対1でAを見守る必要があるか

1 事案の概要

A（事故当時71歳・女性）は，B病院に入院していたが，がんにより余命半年との診断を受け，平成21年6月5日に退院した。退院後，Aは，C自治体に介護保険認定調査の申請を行い訪問調査を経て，D指定通所介護施設（いわゆるデイサービス。以下，「D事業所」という。）を運営するY1（被告会社）に対して通所介護サービスの申込みを行った（なお通所介護契約は未成立とされる。）。その後，AはD事業所の見学を1回行い，通所介護サービスを2回利用した。

平成21年6月30日，3回目の通所時に，AはD事業所1階において担当職員Y2より2階への階段に案内された。その際，Y2が別の利用者1名を一緒に階段へ案内しようとAに背を向けて目を離していたところ，Aは転倒し，右上腕骨近位端骨折の傷害を負った。

Aはその後がんで死亡し，相続人となったX（原告。Aと同居していた。）がY1を被告とし，安全配慮義務違反又は使用者責任（不法行為）を理由として損害賠償を請求した。

なお，Xは，Y1，Y2の他，D事業所のケアマネジャーY3，D事業所施設管理者Y4も被告として訴訟を提起した。

2 判決の内容

結論 原告の請求棄却（Ｙ２，Ｙ３，Ｙ４に対しても全て棄却）

理由 一連の経緯からみてＹ１に安全配慮義務違反はなく，Ｙ２，Ｙ３，Ｙ４にも注意義務違反はないからＹ１の使用者責任も認められない。

3 争　点

【争点を考える上でのポイント】

⑴　Ｙ１に安全配慮義務があるか

⑵　Ｙ２，Ｙ３，Ｙ４に，それぞれ担当職員，ケアマネジャー，施設管理者としての注意義務違反があったといえるか

⑴　Ｙ１との関係では，Ａが転倒しないよう利用者１名に職員１名の人員配置をする義務（又は利用者２名を看るのであれば見守り介護を必要とする利用者１名とそうでない利用者１名とを職員１名が対応する配置をする義務）を内容とする安全配慮義務違反があるか否かが争点となった。

⑵　なお，使用者責任は，Ｙ２ないしＹ４いずれかの不法行為責任の成立を前提とする。よって，Ｙ１の使用者責任及びＹ２ないしＹ４の不法行為責任として，事件当時の「Ａの状態」からして，介護職員，ケアマネジャー，施設管理者としての責任をそれぞれ果たしたか否かが争点となった。

⑶　本件は，特に「Ａの状態」について，複数の記録における記載の信用性を比較検討して認定をしており，記録をもととした事実認定手法を検討するうえで参考となる裁判例である。

4 提出された記録等

(1) 裁判所の認定

裁判所の事実認定をみると，裁判所はＢ病院が作成した医療記録，Ｃ自治体職員が作成した介護保険関係記録，Ｙ３らが作成した介護記録等のほか，ＸないしＹ２の供述等を検討して，Ａの状態を認定している。

(2) 証拠とされた関係記録

ア　Ｂ病院が作成した医療記録

(ア)　転倒・転落アセスメントシート

Ａは，平成21年３月から６月にかけてＢ病院に５回入退院したほか，断続的に通院していた。Ｂ病院では，入院毎に「転倒・転落アセスメント・スコアシート（以下，「同シート」という。)」を作成していた。同シートは，病院内での転倒・転落事故を防止するため，患者の看護計画を立てるうえでそのリスクを評価するために作成する資料であり，既往歴等を記録するとされる。

病院内における同シートの分類Ｂ『既往歴』の「転倒したことがある」，「転落したことがある」，分類Ｃ『身体的障害』の「ふらつき」，分類Ｅ『活動状況』の「移動時介助」については，いずれの時点のシートにおいても非該当であると記載されていた。

(イ)　褥瘡対策に関する診療計画書

最終退院時に作成された「褥瘡対策に関する診療計画書」において，日常生活自立度について「ほぼ自立，隣近所へは独立で外出できる」ことを意味する「Ｊ２」との記載がされていた。

(ウ)　診療録

診療録の記載から，入退院時に独歩で入退院したことや，外来受診時に痛みの訴えがやんだ事実等が認定された。

イ　Ｃ自治体職員が作成した介護保険関係記録

介護認定調査のため，Ｃ自治体職員が認定調査票を作成した。同票では，『両足での立位』について「支えが必要」，「両下肢の筋力低下のため家具や壁に手をついて歩いている。」との記載が，『歩行』について「つかまれば可」，「室内は所々手をついて歩いている。」との記載がされていた。

ウ　D事業所職員が作成した介護記録等

(ア)　利用契約の前提としてＹ３が作成したアセスメント表

D施設利用契約締結に先立ち，Ｙ３は日常生活動作（ADL）調査のためアセスメント表を作成した。同表では，『Ⅱ．ADL』の『歩行』については「自立」，『転倒（6カ月内)』は「ない」，『歩行，立位，座位のバランス』では「安定」と記載されていた。

(イ)　Ｙ４が本件事故前に作成した個別援助調査票

Ｙ４は本件事故前に作成した個別援助調査票を作成しており，『歩行』の項において「一部介助」と記載されていたほか，「転倒に留意」との記載がされていた。

(ウ)　Ｙ１が事故当日に作成したミーティング議事録

事故直後に，Ｙ１はＹ２を含めたD施設職員が開催した緊急ミーティングの議事録を作成した。議事録には，「…（他の利用者に）階段した椅子に座っていただき，A様に階段昇降を促す。」との記載があった。

(エ)　Ｙ１が事故後に作成した事故報告書

事故後にＹ１が作成した事故報告書では，本件階段が危険個所であり通常は職員の見守りの下で昇降させるべき場所であった旨の記載や，本件事故後１対１の介護を徹底させるよう対応策を取る旨の記載があった。

5 判決の分析

本件事件は，「Aの状態」を認定するにあたっては，B病院ないしＹ１ないしＹ４の作成資料の記載に則って事実認定がなされ，Ｙ１の主張に有利に働いた。反面，D事業所内にて作成したミーティング議事録が，逆に事故態様におけるＹ１の主張（Ｙ２がＡに静止するように指示したとの主張）を退ける証拠として扱われた。

以下，検討を行う。

⑴　通所介護契約締結前における安全配慮義務

本件では，ＡがＢ施設を利用するにあたり，ＡとＹ１との間において，通所介護契約はまだ正式に締結していなかった。

しかし，判決においては，ＡとＹ１双方が合意をしてＢ事業所を利用する関係にあった点を捉え，契約締結前であってもＹ１は安全配慮義務を負いうると判断している。

⑵　Ａの状態

裁判所は，当時の「Ａの状態」について，上記医療記録，介護記録に沿った事実を認定したほか，Ｘの証人尋問等からＡが事故当時エレベーターのない公営住宅の４階に居住しており常時階段を昇降していたこと，Ａが一人で外出して散歩をしたり住宅隣地の公園を利用していたこと，Ｙ３がＡ宅を訪問したところＡが不在であったがＸは格別心配する様子を見せていなかったこと，ＸがＡを置いて仕事に出ていたこと等の事実を認定し，Ａの歩行能力に問題はなく，階段の昇降も含めて介助を必要とする状況になかったと判断した。

⑶　事故態様

事故態様については，ミーティング議事録に沿い，Ｙ２が別の利用者１名を一緒に階段へ案内しようとＡに背を向けてＡから目を離していたところＡは転倒したとの事実を認定した。

⑷　安全配慮義務，注意義務違反の判断

裁判所は，Ｙ１の安全配慮義務違反については，上記Ａの状態等からＡと職員とを１対１の割合で配置する義務があったとは認められないから安全配慮義務違反はなく，Ｙ２についても，「Ａの状態」等から，Ａが階段を上る際に常時見守るべき注意義務があるとは認められないとして責任を否定した。

(5) 証拠の評価について

本件では医療記録及び介護記録が信用できると概ね評価された。

このうち，個別援助調査票とミーティング議事録について個別に検討する。

ア　個別援助調査票の評価

個別援助調査票には転倒の可能性を示す記述があり，原告は個別援助評価表を高く評価するべきであってアセスメント票は信用できないと主張していた。

しかし，裁判所は，個別援助調査票についてはＡを実際に観察した上での記述でないことが疑われるとしたうえ，(2)の「Ａの状態」から，アセスメント票は事実と符合して信用できるとする反面，個別援助調査票は事実に反するものとして信用できないと判断した。

アセスメント票の記載が事実に則したものとして評価され，結論に影響を与えたものといえる。

イ　ミーティング議事録の評価

ミーティング議事録において「…（他の利用者に）階段した椅子に座って頂き，Ａ様に階段昇降を促す。」との記載があった。Ｙは，Ｙ２は事故当時にＡらを階段まで誘導した後，Ａに「待ってて」と声を掛け静止を確認した後に他の利用者を誘導したのであり，議事録の記載は事故直後でＹ２らが動揺していたため記載が正確でないと主張した。

しかし，裁判所は，事故直後の慌ただしい状況を考慮したとしてもＹ３に記憶違いが生じることは考えにくい等として，Ｙ３がＡに（Ａの静止を確認することなく）階段昇降を促したと認定した。

6 推奨される記録のつけ方

本件においては，事故態様及び注意義務を果たしていたといえるか否かについて，ミーティング議事録の記載が問題となった。ポイントは，「(注意義務を果たしたと言える）事実については漏らさず丁寧に聞きとり記載する」ということである。

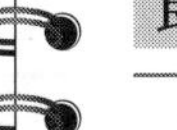

良くない介護記録の例

…（他の利用者に）階段した椅子に座っていただき，A様に階段昇降を促す。

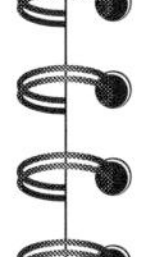

推奨される記録の例

…A様に対して「待ってて（ください）」とお声を掛けたところ，A様が立ち止まられたので，（他の利用者に）「行きましょう」と声を掛けて二階へお連れすることとした。

Ｙ２がAに対して一旦声掛けをして静止を確認したという事実は，担当者が注意義務を果たしたか否かを検討するにあたり重要な事実である。しかし，単に「階段昇降を促す。」との記載からは，どのように行動したのか判然としない。事故直後にミーティングが開かれたため職員も動揺したのであろうが，事故直後に最も重要なのは，事実の確認である。

ミーティング参加者には，まず担当者を落ち着かせ，時系列に沿って丁寧に事実を確認しながら聞き取り，事実（とりわけ注意義務を果たしたと評価できる事実）を漏れなく記録させることが求められることを示す好例である。

事例▶16

施設内で歩行補助車を利用する高齢者が転倒して死亡した事例

東京地判平成 27 年８月 10 日（判例集未登載）

ポイント

施設Ｂは，Ａが歩行補助車を利用して歩行中，突然転倒することを予見可能か

1 事案の概要

Ａ（事故当時 67 歳・女性）は，平成７年に脳梗塞で左半身麻痺の後遺症を患ったほか認知症に罹患した。平成 16 年にＡは医療法人Ｙの運営する老人保健施設Ｂの利用を開始し，施設入退所を繰り返したのち，平成 21 年９月にＢ施設に入所した。

Ａは，平成 21 年 12 月５日午前 11 時 25 分頃，Ｂ施設食堂に着席していたところ，トイレに行くためにシルバーカー（歩行補助車。なお，自立歩行を前提とする点で「歩行車」とは異なる。）を押して歩行を開始した。施設職員Ｃがこれに気づき，Ａの横に付き添って移動を開始したが，突然仰向けに転倒して床に後頭部を打ち付けた。

その後，Ａはすぐに Ｂ施設の施設長であるＤ医師の診察を受け，意識を回復させるなどしていたが，嘔吐を繰り返し，午後３時 30 分頃にはＡは開眼しているのに返答をしなくなった。このため，午後４時頃にはＤ医師が救急搬送を指示し，入院先の病院において，Ａが転倒により脳挫傷，外傷性くも膜下出血の傷害を負ったことが判明した。

Ａは平成 22 年３月に死亡し，Ａの相続人ＸがＹを被告として，債務不履行又は不法行為を理由に損害賠償を請求した。

2 判決の内容

結論 原告の請求棄却。

理由 本件転倒事故の危険性を具体的に予見することは困難であり，安全配慮義務（転倒防止義務）違反は認められない。

3 争　点

【争点を考える上でのポイント】
(1) Ｙに転倒防止義務があったか
(2) Ｙに病院搬送義務があったか

(1) 本件では，ＣほかＢ施設職員においてＡの転倒を予見することができたか（転倒防止義務）のほか，Ｄ医師が転倒直後にMRI検査等を行うため病院に搬送すべき義務（病院搬送義務）があったかが争点となった。

このうち，病院搬送義務については，Ｄ医師が病院搬送義務を負うことを基礎づける事実について具体的に主張する必要があるところ，Ｘは本件転倒を認識した事実以外の具体的事実について主張をしなかった。これを理由に，裁判所はＸの主張を簡単に排斥している。

以降は専ら予見可能性（転倒防止義務）について検討を行う。

(2) 本件は，予見可能性（転倒防止義務）について過去の介護記録等を検討し，具体的に転倒を予見できたかどうかを検討した点で参考となる裁判例である。

4 提出された介護記録等

(1) 裁判所の認定

裁判所の事実認定をみると，裁判所は，下記の介護記録及び関係者証言等を検討して，予見可能性の有無及び転倒防止義務の有無を検討している。

(2) 証拠とされた介護記録

ア　退所時指導書

平成21年６月20日に，Ｙにおいて退所時指導がされたことが認定されており，内容として「ベランダ等，散歩されますので，段差など注意が必要です。」，「何も持たずに歩くことが可能ですが転倒の可能性が高いため，歩行時には歩行補助車が必要です。歩行開始時・立ち上がり時にはフラツキがみられますので，見守りをお願いします。また，夜間には歩行が不安定になる場合もあります。トイレ居室等の移動スペースには障害物となるようなものを置くのは避け，転倒に気を付けてください。」との指導がされたと認定されている。

明示はされていないものの，退所時指導書の記載内容がそのまま認定されているものと思われる。

イ　リハビリテーション実施計画書

平成21年９月25日に作成されたリハビリテーション計画書においては「脳梗塞後遺症による両下肢筋力低下・軽度」，「運動機能障害」，「認知症・軽度」，「左上下肢に軽度の随意性低下，両下肢には軽度の筋力低下が認められるも，日常生活への支障は見られない。老人車にて歩行可能だが周囲への注意力低下があり，物に当たることがあるので見守りを要す。また，方向転換時にふらつきがあるため転倒の危険があり十分注意を促す必要があります。コミュニケーションは，意思表示をしっかりされ，良好です。」，「歩行時に方向転換をする際ふらつくことがあるため見守りを要す。周囲への注意力低下があり，物に当たることがあるので，環境整備を行い転倒防止に努める。ベランダを歩かれることが多いので，その際には特に見守りを行う必要がある。」と記載されていた。

ウ　施設サービス計画書

平成21年10月10日に作成された施設サービス契約書においては「要介護２」,「脳梗塞（左不全麻痺）・認知症の傷病名あり。収集癖と徘徊があるため気分転換を図り，楽しく過ごして頂けるように援助する。」,「シルバーカー使用されているため，歩行の際，足元に注意する」,「立ち上がりの際，見守りを行いシルバーカーを持って頂くようにする」,「歩行時は他の方にぶつからないように見守りをする。」と記載されていた。

5 判決の分析

(1) Aの状態の認定

判決においては，上記記録及び関係者証言等から，本件事故当時，Aは要介護度２と認定されていたもののベッドの乗り降りや自分の身の回りのことは自分でしており，歩行補助車を利用しての自立歩行ができ，認知症の程度も軽度であると認定をした。

また，施設Bの職員は，Aが自立移動中に靴をしっかり履いているかを確認しつつ周囲に物を置かないようにするなど，物にぶつからないようにする見守りを行い必要な声掛けは行っていたが，それ以上にAに寄り添うなどの介助を行う必要がなく現に行ったことがなかったとも認定している。さらに，本件事故が発生するまで，Aは尻餅をついたり歩行補助車を利用して歩行中に前につまずいて膝を突いたりすることはあっても，急に後方に転倒することはなかったとも認定している。

(2) 転倒義務と予見可能性

原告は，施設Bが要介護状態にある高齢者に対して適正な指定居宅介護支援を提供することを目的としていること，契約上Yが賠償責任を負うこととされていることのほか，上記記録も勘案し，AがB施設内で生活するにおいて，転倒等を防止するために必要な措置をとることでAの安全を確保すべき義務を認めた。

しかし，Ａの状態から，後方に仰向けに転倒する危険性を示す事象が発生していなかったことを理由に，本件事故の危険を具体的に予見することは困難である（予見可能性がない）と判断したものである。

なお，前提として，本判決は転倒態様について，後方に倒れ込む尻餅や前方へのつまずきと，後方への転倒（仰向け転倒）とを質的に異なるものとして把握していることに留意すべきである。

⑶　上記記録類の評価

上記の認定は概ね記録類に沿ったものである。記録はいずれも歩行状態について詳細かつ豊富に記載がなされており，自立歩行が基本的にできていることをはっきり示している反面，後方に仰向けに倒れ込む危険性を匂わせる記載は全く見当たらないことで一貫している。

裁判所が判断を導くにあたって，これらの記録に拠って立っていることは明らかであり，適切な記録が適切に評価された好例である。

6　推奨される記録のつけ方

本件判決の記載から，事故後にＸが施設職員からの説明を受け，それを聞き取ったと思われるメモがあることがわかる。また，証拠として提出されているかは明らかではないが，証人らの供述からはＹにおいても事故後に事故態様について何らかの記録を作成していることがうかがえる。

ほとんどの高齢者向け施設においては，日々作成する介護記録の他，事故後に事故の態様等を記載して作成する記録がある。事故があった際に，これを監督官庁に報告する義務があるからである。この記録はしっかりと作成しておかないと，本件のように事故後に当事者が作成した二次的なメモに誤りがあっても検証できない。

そこで，事故が発生した場合の記録の残し方について考える。

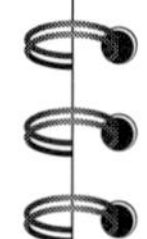

良くない介護記録の例

○時○分　２階 201 号室前で転倒。職員Ｊが付き添っていた。すぐに甲病院に救急搬送する。Ｊが付き添う。

当該記録でも，最低限度事故の発生及び誰が目撃していたか等は明らかになる。しかし，当該記載だけでは事故の細かい態様が明らかにならない。

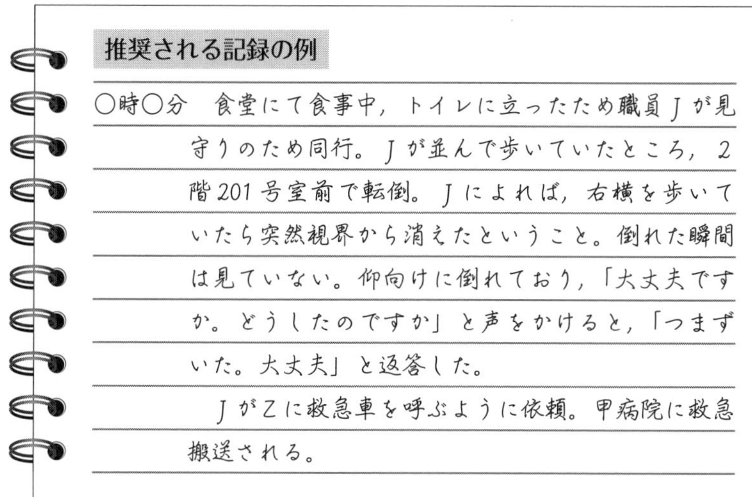

推奨される記録の例

○時○分　食堂にて食事中，トイレに立ったため職員Ｊが見守りのため同行。Ｊが並んで歩いていたところ，２階 201 号室前で転倒。Ｊによれば，右横を歩いていたら突然視界から消えたということ。倒れた瞬間は見ていない。仰向けに倒れており，「大丈夫ですか。どうしたのですか」と声をかけると，「つまずいた。大丈夫」と返答した。

　Ｊが乙に救急車を呼ぶように依頼。甲病院に救急搬送される。

上記のように記載することで，事故発生時の目撃者，転倒状況，救急搬送を依頼した者などが明らかになり，後日の資料とできる。

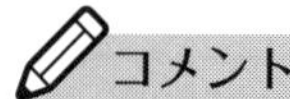

コメント

なお，利用していた器具がシルバーカーか歩行車かが争われた事案として福岡地小倉支判平成 26 年 10 月 10 日（判例集未登載）がある。

事例▶17

施設入所中の高齢者が食事を終えて立ち上がった際に転倒した事例

東京地判平成28年８月23日（判例集未登載）

ポイント

Ｙの職員は，Ｘが立ち上がり時に転倒することを予見できたか

1 事案の概要

Ｘ（事故当時87歳・女性）は，これまで自宅で家族と生活し，平成25年からは週２回デイホームＡに通所していた。しかし，Ｘの物忘れが酷くなったことから，平成26年２月にＸはＹの運営する有料老人ホーム（以下,「ホーム」という。）の入居契約等を締結してホームに入居をした。

ホーム入居後，クリニックＢより在宅医療のサービスを受けることとなったほか，皮膚科Ｃに受診し魚の目を削るなどの措置を受けた。

平成26年５月，Ｘはホーム内の４階リビング兼ダイニング（共用スペース）において昼食を摂り終えて立ち上がろうとした際に転倒し，左大腿骨転子骨折の傷害を負った。ホーム４階には介護スタッフが24時間見守るヘルパーステーションが設置されているが，事故当時，職員は移動するにあたり介助の必要な入居者を居室に移動させており，リビングに職員はいなかった。

ＸがＹを被告として，不法行為あるいは債務不履行を理由に損害賠償を請求した。

2 判決の内容

結論 原告の請求棄却

理由 ホーム職員において本件転倒事故を具体的に予見することができず，安全配慮義務違反はない。

3 争　点

【争点を考える上でのポイント】

(1)　Ｙに安全配慮義務違反があるか

(2)　これまでの記録から，Ｘが転倒することを予見できるか

Ｙには，Ｘが歩行や立ち上がりの際に転倒しないよう職員が見守るべき安全配慮義務違反があるかが争点となった。本件では，一連の記録を検討したうえで，転倒する危険を予見できなかったという結論を導いており，参考となる裁判例である。

4 提出された記録等

裁判所は，Ｙの作成した記録のほか，デイホームＡ，クリニックＢの作成した記録も比較検討している。

ア　利用者台帳

平成25年7月時点にデイホームＡが作成した利用者台帳においては，『歩行』欄に「6月に転倒有，気持ちが逸ってしまい，顔面を打撲。見守り必要」との記載があるほか，『痛み』欄に「外反母趾あり，皮を定期的に削らないと痛みがでる」，『立位，立ち上がり，座位』欄に「見守り」との記載がされていた。

イ　在宅医療計画書（訪問診療同意書）

平成26年3月5日付にて，Ｂクリニックの医師が作成した在宅医療計画書では，主たる病名として高血圧症，脂質異常症，脳血管性認

知症と記載され，寝たきり度は，屋内での生活は概ね自立しているが介助なしには外出しない「準寝たきり」に丸が付いていた。

また，認知症老人の日常生活自立度欄には，「日常生活に支障をきたすような症状，行動や意思疎通の困難さが多少見られても，誰かが注意していれば自立できる」に丸が付いており，要介護度は１とされていた。

ウ　居宅療養管理指導書

上記医師がＸ宛に作成した居宅療養管理指導書には病状変化，移動能力，排泄能力，精神状態，摂食能力，入浴について記載がされており，平成26年４月３日付，同月17日付，同年５月８日付のいずれの指導書にも「介助無しで歩行可能」の欄にチェックが付され，同年５月８日付指導書においては，その他の注意点として「転倒に気を付けてください。」との記載があった。

エ　アセスメント兼モニタリング実践記録表

Ｙにおいては，施設入居からおおよそ１月ごとに居室担当者が入居者本人の様子を観察してアセスメント兼モニタリング実践記録表を作成しケアマネジャー宛に提出することとしていた。

このうち，平成26年３月，４月，５月の記録表では，いずれも，日常生活動作能力について，移動，移乗，食事，排泄，上着及び下着の脱着とも「自立」とされていた。３月の記録表では失禁した衣料を引き出しにしまってしまうこと，４月の記録表では依然失禁衣料をしまうことのほか，帰宅願望が毎日聞かれ１階に降りていたりエレベーター内で困っていたため，所在確認に留意すること，５月の記録表でも帰宅願望が日中毎日聞かれることが記載されていた。

5 判決の分析

(1) Ｘの状態

裁判所は，Ｘの状態について，Ｙの作成した記録等から，事故当時，Ａ

は個室で日常的な起居を行い食事，排泄，衣服脱着も自力で行っていたこと，移動場面も一人で歩行していたこと，歩行能力について格別具体的な問題が観察されていないこと，X家族からの不安も聞かれていないことを認定した。

他方，医師が作成した居宅療養管理指導書については，「転倒に気を付けてください。」との記載があるものの根拠となる具体的な事実の記載がないなどと評価されるにとどまった。

(2) 予見可能性

また，(1)の他，本件事故が昼食後の落ち着いた時間帯に起きたことを認定し（帰宅願望との関連性なし），ホーム職員が本件転倒事故を具体的に予見することは不可能であると判断した。

6 記録の評価

(1) Yの作成した記録について

本件では，Yの作成した記録が適切であったと評価され，判決に影響を与えたものといえる。例えば，Xの帰宅願望についてはアセスメント兼モニタリング実践記録表等に細かく記録がなされており，本件事故が昼食後Xが落ち着いていた時間帯に発生したこと（帰宅願望とは全く関係がない）から，ホーム職員の予見可能性を低く評価する事実として働いていることが挙げられる。

また，Xから訴訟において外反母趾が原因で歩行が不安定であるとの主張がされた際に，記録からYがXの足の痛みの状況を逐次記録していることが明らかになっている。

(2) デイホームAないしクリニックBの作成した記録について

利用者台帳には，（平成 25 年）6 月に転倒した旨の記載がある。

しかし，本件施設入所後には転倒した事実が認定できなかったことから，予見可能性を基礎づけることとはならなかった。

また，居宅療養管理指導書において「転倒に気を付けてください。」との記載についても，予見可能性を高める事情として採用されなかった。この書類を作成したのは医師であり，転倒について予見可能性を高める材料となるように見える。

しかし，利用者台帳はＸがＹに入所前の古い資料であり，Ｙが日々作成している資料に比べて信頼性が落ちることは否定しがたい。

また，居宅療養管理指導書について，判決は，当該記載の根拠が記載されていないことを挙げており，根拠となる事実を記載することが評価を正当ならしめることを示しているものといえる。

介護施設が，日々正確に記録を付け続けることで，その記録の信頼性を高めることに役立つことを我々に示唆する事案であると言える。

7 推奨される記録のつけ方

本件では，ＹがＸの足（外反母趾）の状況をモニタリングしていることがうかがわれる。そこで，このような場合の記録の付け方について考える。

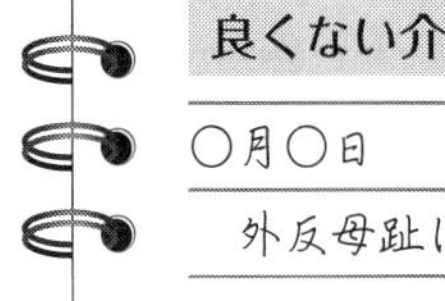

良くない介護記録の例

○月○日

外反母趾は痛まないとのこと。魚の目を削る。

これでは，単に痛みのあるなしを述べているにすぎず，詳細がわからない。

推奨される記録の例

○月○日

外反母趾の痛みを尋ねたところ，「痛くない。ただ，歩く

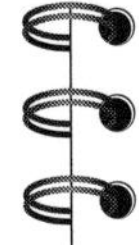

のに違和感がある」とのことだったので，右足外側の魚の目を削る。直後に歩いてもらい，歩行に違和感がないか尋ねたところ，「大丈夫」とおっしゃる。

上記のように記載しておくことで，単に痛みがないかだけではなく，モニタリングをして異常がないことを確認したことを明らかにできる。

事例▶18

介護施設利用者が転倒して頭部を負傷した事例

大阪地判平成 29 年３月２日（判時 2346 号 92 頁）

ポイント

ＹのＡに対する安全配慮義務違反の有無と過失相殺

1 事案の概要

Ａは，Ｙが経営する特別養護老人ホーム（Ｙ施設）において，在宅要介護者を短期間入所させて介護サービスを提供するユニット型指定短期入所生活介護事業を利用していた。Ａは，トイレに行く際はナースコールでＹ職員を呼ぶようにというＹの注意を無視して，深夜に一人でトイレに行こうとして転倒して頭部を負傷し，急性硬膜下血腫を発症した。Ａは，その後，急性硬膜下血腫を原因として呼吸不全により死亡した。

Ａの相続人であるＸらが，Ｙに対し，債務不履行又は使用者責任に基づき損害賠償を請求した。

2 判決の内容

結論　原告の請求について一部認容（過失相殺４割）。

理由　Ａが一人でトイレに行こうとして転倒し，頭部に傷害を負う予見可能性はあり，Ｙにおいて結果回避義務を尽くしたとはいえない。

3 争　点

【争点を考える上でのポイント】

⑴ YのAに対する安全配慮義務違反の有無
⑵ 過失相殺

⑴ Yにおける本件事故の予見可能性について，Aがトイレに行こうとして歩行する際に転倒して頭部に傷害を負う可能性があることの予見可能性，Aがナースコールをせずに一人でトイレに行こうとする可能性があることの予見可能性について，介護記録等から，これまでのAの行動を認定し，本件における具体的な予見可能性の有無を判断している。

また，上記予見可能性を前提とするYの結果回避義務違反の有無についても，本件の具体的な事情を踏まえて，想定される様々な転倒防止対策について，Yにそのような対策をとる義務があったか否かを判断している。

⑵ 本件事故の発生について，Aにも過失があるかどうかについて，Aの意思能力や，Aがナースコールを押さなかった理由に加え，本件の具体的な事情を踏まえて判断している。

4 提出された介護記録等

認定調査票，デイサービス計画書，詳細情報シート，短期入所申込書の利用者連絡情報，ショートステイ利用者連絡表，サービス提供実施報告書，施設サービス計画書，外来診療録，離床センサーに関する文献。

5 判決の分析

⑴ YのAに対する安全配慮義務違反の有無について

ア 本件事故の予見可能性

㋐ トイレに行く際に転倒し頭部に傷害を負うことの予見可能性

Aは，本件事故当時，パーキンソン症候群等によって，歩行の際，ふらつきによる転倒の危険が大きい状態にあり，Ｙの職員においてもＡの状態は認識していた。

また，Ａは，意思能力等に問題はなく，排せつについても自立して行える状態にあったにも関わらず，トイレ等に行く際にはＹの職員が付添や見守りを行っていたことからすれば，Ｙの職員において，Ａがトイレ等に行く際に転倒する危険があるために見守りをする必要があると認識していた。

本件事故の19日前にも，ＡがＹ施設において居室内のトイレに一人で行こうとして転倒し，頭部打撲の傷害を負う事故が発生し，このことをＹの職員も認識していた。

以上のＹの職員の認識を踏まえれば，Ｙは，Ａがトイレに行こうとして歩行する際に転倒して頭部に傷害を負う可能性があることを具体的に予見することができたとした。

(イ)　Ａがナースコールをせずに一人でトイレに行こうとする予見可能性

Ａは，最初にＹ施設を利用した際から，一人でトイレに行こうとしており，Ｙの職員からナースコールをするように求められていた。

しかし，その後もＡはナースコールをせずに一人で歩いてトイレ等に行き続けており，転倒し頭部外傷の打撲を負ったあとも変わらず，Ｙ職員はそのことを認識していた。

したがって，Ｙは，Ａがナースコールをせずにトイレに行こうとする可能性があることを認識していた。

Ｙは，Ｙの職員がＡに対し，ナースコールをするよう声掛けを続けており，Ａもその意味は理解していた等として，予見可能性がないと主張した。

しかし，判決は，Ａが声掛けにも関わらず，一人でトイレに行こうとする態度が変わらなかったことなどから，予見可能性はあったとした。

イ　結果回避義務違反について

(ア) ポータブルトイレの設置義務

Xらが主張したポータブルトイレの設置義務については，判決はポータブルトイレを設置しても介護者がいなければ転倒する危険があること，Aが自宅ではポータブルトイレを使用していなかったことから，これを使用させることは，自宅での連続性を失わせ，「利用者が利用前の居宅における生活と利用中の生活が連続したものになるように配慮」し，「自律した日常生活を営むことを支援する」というサービス利用契約の目的に反するとして，否定した。

(イ) 衝撃吸収マットの設置義務

Xらが主張した居室内に衝撃吸収マットを設置する義務については，その段差や弾性によって，かえって転倒による危険が増大することがあり得るし，転倒の際に頭部が衝突するのは床に限られないとして，否定した。

(ウ) 離床センサーの設置義務

本件事故より5年以上前に，ナースコールを自己判断により押さない者に対して離床センサーを設置することが転倒事故の予防に効果があると学会等で発表され，離床センサーの販売会社においても転倒予防の効果を商品の説明に記載していた。

また，Y施設に離床センサーは導入されていたことに鑑みれば，Yが，本件事故当時，自らナースコールを押そうとしない者に対して離床センサーを設置することが転倒予防に効果があることについて，知見を有していたことを期待することが相当である。

離床センサーの設置をすることは，Aの転倒予防に効果があったと認められ，Y施設には，離床センサーが1台保管されており，本件事故当時は使用されていなかったから，Aの居室に設置することが可能であった。

そして，Aの居室内に離床センサーを設置していれば，Yの職員がAがベッドから降りようとしていることに気づき，居室に駆けつけることによって見守ることができ，危険を回避できた可能性が高いとした。

以上の理由から，Ａの居室内に離床センサーを設置しなかったことは，結果回避義務違反にあたるとした。

ウ　まとめ

以上の通り，判決は，転倒事故を起こしても依然としてナースコールをしようとしないＡに対して，Ｙは，新たな再発防止策を講じることもなく，効果があがらない声掛けだけを繰り返していたことから，安全配慮義務を尽くしたとはいえないとしたものである。

その際，Ｘから主張された予防策についてＹに設置義務を課すべきかという点を，予防策の有効性やショートステイの目的，Ｙにおける負担も考慮しながら判断している。

結論として，Ａに対しては離床センサーの設置が有効であった可能性が高いこと，Ａにおいて，使用していない離床センサーを保管していて，設置が容易であったこと，本件事故当時は，職員は２名いてセンサーが反応すれば駆けつけることが可能であったことから，設置義務違反を認めた。

判決は，介護施設における一般的な設置義務として離床センサーの設置義務を認めるのではなく，本件の具体的な事情の元において，Ｙの設置義務を認めている。

(2)　過失相殺について

Ａは，意思能力に問題はなかったことから，Ｙ職員の声掛けを無視して，ナースコールを押さずに一人でトイレに行こうとして転倒したことについて，Ａに４割の過失があるとした（素因減額については否定）。

6　推奨される記録のつけ方

Ｙは，Ａに対する声掛けのほか，排せつ方法や居室の位置の変更を検討したほか，Ａにおむつを装着させ，居室内のベッド位置を変更し，頻繁な見守りを行うなどの結果回避義務を尽くしたと主張したが，判決は，これらの対応・措置を検討したことを裏付ける客観的な記録がなく，証拠がないとして否定された。

本件では，Yが主張するこれらの検討・措置を取ったとしても，離床センサーの設置義務を免れるものではないとされている。しかし，仮にYの主張の中にAの転倒を予防するのに有効な措置や，離床センサーの設置の妨げとなる事情等があった場合は，Yのとった措置・検討の立証の可否によって結論が異なることもありうる（特に，過失相殺についてはかなりの程度考慮される可能性は否定できない）。

したがって，事故防止のための措置を検討した場合には，対応・措置を検討した事実，採用するかどうかの結論とその理由を具体的に記録に残しておくべきである。

本件では，AはY職員から「トイレに行こうとする際にはナースコールをするように」と言われていたとの事実が出てきており，にもかかわらずAが単独でトイレに行こうとしていた事実が認められるのであるから，これについては記録に残すべきである。

良くない介護記録の例

トイレに行く際は，ナースコールをするように伝える。

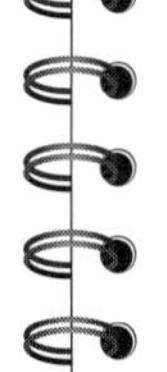

推奨される記録の例

○月○日　□月▽日に一人でトイレに行こうとして転倒したことを指摘し，トイレに行きたくなったら必ずナースコールするように伝える。「わかった」との回答あり。

○月○日　一人でトイレから出てくるところを乙職員が目撃する。ナースコールをするようにお願いしていたことを指

摘すると，「みんな忙しそうだったので……」と答える。

事例 ▸ 19

認知症の高齢者が施設内でバスを待っている間に立ち上がり，転倒した事例

東京地判平成 29 年 3 月 14 日（判例集未登載）

ポイント

Xが転倒することの予見可能性。従前のXの行動から，Xが突然立ち上がることが予想できたか

1 事案の概要

X（原告）は事故当時 91 歳の女性である。Xは平成 24 年 4 月から，有限会社Y（被告）の経営するA指定通所介護施設（いわゆるデイサービス。以下，『A事業所』とする）に通所していた。A事業所は通常の通所介護事業所であり，特に認知症の利用者に特化したものではない。

Xはデイサービスを利用後，帰宅するためにA事業所内で他の利用者とともに着席して送迎車両を待っていた際，突然立ち上がった。Xは一旦は職員から着席を促されて着席したものの，再度立ち上がって転倒し，大腿骨骨折の傷害を負った。Xには事故後，成年後見人が選任されている。

事故当時，A事業所のXらがいたフロアには甲，乙，丙の３名が勤務しており，甲が利用者をエレベーターに誘導する係，乙がエレベーターを利用して利用者を１階に下ろす係，丙がフロア全体を見守るとの役割分担であった。

XがA事業所を被告とし，不法行為あるいは債務不履行を理由として損害賠償を請求。

2 判決の内容

結論 原告の請求棄却。

理由 事故に至るまでの状況から見て，Ｙ，甲，丙のいずれにもことさらに注意を払うべき事情があったとはいえず，安全配慮義務違反はないと判断した。

3 争　点

【争点を考える上でのポイント】

⑴　Ａ事業所に安全配慮義務違反があるか

⑵　Ａのこれまでの記録から，Ｘが突然立ち上がり転倒することが予想できるか

⑴　Ｙには，Ｘが転倒しないように見守りをすることのできる体制をとらなかったという安全配慮義務違反があるか。甲，丙職員について，Ｘが転倒しないように見守りをする安全配慮義務違反があるかが争点となった。

　過去の介護記録等の記載から，Ｘが認知症を原因として予測不能の行動をとり，転倒する危険が予測できたかを詳細に検討している事案である。介護関係の記録と訴訟における事実認定の関係を研究するのに適している事案の一つであるといえよう。

⑵　本件は，認知症を患っている（確定診断は受けていなかったようであるが，介護記録には認知症を患っていると疑わせる事情が記載されている。）Ｘが突然立ち上がって転倒することをＹ，甲，丙が予測できたかということが争点となっている。

　いうまでもなく，Ｙ，甲，丙に安全配慮義務違反があるというために

は，①Y，甲，丙がXの転倒を予想できたかという予見可能性，②仮にXの転倒が予見可能であった場合，しかるべき対応を採ることによりその結果を回避することが可能であったかという結果回避可能性の２点が立証されなければならない。本件では，介護記録等から上記のうち①の立証不十分と判断された事案である。

4 提出された介護記録等

(1) 裁判所の認定

裁判所の事実認定を見ていくと，裁判所は①Xが事業所Aの利用を開始する以前に作成された記録，あるいは利用を開始した後に第三者が作成した記録（介護保険の認定更新調査の記録），②Xが事業所Aを利用するようになった後に，事業所職員らが作成した記録，③甲，丙らの供述から推測される事件当日の様子の３点から本件Xの転倒の事実が予見可能であったかを検討している。このうち，特にYの責任については上記①，②の記録を検討して判断を下している。

(2) 証拠とされた関係記録

利用開始前及び第三者の作成した記録（上記のA）として，本件訴訟に提出されたものは以下のようなものがある。

ア　まず，裁判所は，Xは事業所Aのデイサービスを利用する直前である平成24年３月に外出先で転倒しており，以後，外出に際しては杖を利用するようになったと認定している。判決文からは当該事実をどの記録から認定したか明らかでないが，通常，デイサービスの利用申し込みに当たっては利用者が事業所に自らの身体状況を記載した利用申込書を提出するとともに，フェイスシートと呼ばれる面接記録を作成することが一般的である。本件においてもYがX利用申込書を保管しており，それが書証として提出された可能性が高いと考えられる。

イ　また，事件直前の平成25年９月にXは介護保険の要介護認定の更新を受けている。その際に作成された，調査票が証拠として提出されている。この調査票には歩行は「つかまれば可」，両足での立位は「できる」，短期記憶や季節の理解は「できない」，意思の伝達，毎日の日課の理解，場所の理解は「できる」と記載されていた。

ウ　ついで，上記のＢ，事業所職員らが作成した記録であって，裁判所に証拠提出されたものには以下のようなものがあった。

① Ｙ側からは，Ｘに対するサービス提供記録が書証として提出されている。サービス提供記録とは，一般的に介護事業所が介護サービスを提供する際に作成する記録であり，どのような介護を提供したか，提供の時間帯，その際の対象者の反応などを記録しておくものである。当該サービス提供記録には，Ｘの歩行能力，認知能力，意思疎通には問題の無い旨が記載されていた。

② また，同じくＹ側から書証として介護実績報告書が提出されていた。ＹはＸのケアマネジャーに対し，毎月，介護実績報告書を提出していた。この介護実績報告書は，介護を統括するケアマネジャーに対し，事業所が提供した介護サービスの内容を報告するものである。当該介護実績報告書にはＸは「自らの意思をしっかりと表明している。体操，レクリエーション等にとても熱心に取り組んでおり，必要なことは職員に自ら話しかけていた」との記載があった。

③ その他，Ｙ側から連絡帳ファイルが提出されている。この連絡帳ファイルは介護保険制度で定められた書類ではなく，Ｙがオリジナルに作成しているものと思われる。判決書の記載によれば，当該連絡帳ファイルは事業所Ａのデイサービスの利用者に交付されるもので，利用者は朝，自宅から事業所Ａに来所する際に当該ファイルを持参する。利用者の家族は，当該連絡帳ファイルに連絡事項（利用者の体調等）を記載するというものである。Ｘの当該連絡帳ファイルについてはＸの家族が何かを記載したことは無かった。当該連絡帳そのものが証拠請求されているか，少なくとも従業員の陳述書や供述において，連絡帳に記載の無かった旨が立証されていると思われる。

5 判決の分析

(1) Xの身体状況について

本件事件は，事業所Aが適切な記録をつけていたために請求棄却となった事案と考えられる。以下，分析を行う。

本件で提出されたフェイスシート（介護サービスの利用者の基本的情報を記入した書類）と思われる書面及び介護保険の調査票について記載を分析すると，いずれもそれなりにXの身体状況，精神状況が良くなく，したがって介護も中程度のものであると推測させるものが多い。すなわち，フェイスシートによれば，Xは事業所Aを使用するに先立って転倒事故を経験しており，以後は杖を使用して歩いている。また，歩行も「つかまれば可」である。当該記載からすると，Xは歩行に支障をきたす程度の身体状況にあったことがうかがわれる。

(2) Xの認知能力について

さらに，介護保険の調査票からは短期記憶・季節の理解が「できない」となっている。短期記憶とは，直近10分程度の間に起きたことを記憶する能力を言う。また，季節の理解ができないことは，一般的には「見当識障害」の一部とされる。「見当識障害」とは，自分がいる場所・現在の日時等がわからなくなる障害をいう。短期記憶の障害も見当識障害も，通常は認知症がある程度進行してから発症する症状である（現に，本件訴訟の判決でもXのケアマネジャーがXの認知症が進行してきていると疑っていたとの記載がある）。

(3) Xの状態についての総合評価

ここまでの記録からうかがえるのは，Xは要するに認知症があるだけではなく身体的にも衰えて杖を必要とする状況にあるというものである。このようなX像だけから裁判所が考えれば，裁判所は「Xは認知症がある上に身体的な衰え（杖を突かないと歩けない）があるのであり，目を離せば転倒の危険があることは予見できた。したがって，Yには過失がある」との判断に傾きそうである。

しかしながら，本件ではＹが以下の通り詳細な記録を残したことで，Ｙに責任なしとの結論となっている。

(4) 具体的認定とその拠り所となった証拠

ア　Ｘの認知症についての評価

認定事実認知症については，近時，高齢化の進行に伴って社会でも一定の理解を得られるようになってきてはいる。とはいえ，その理解は充分とは言えず，まだまだ一般的には「認知症になると何もできなくなる。認知症になると何もわからなくなる」と考えられている病気である。

ところが実際の認知症はそういうものではなく，それなりの重度の認知症となっても日常的なことについては理解力が充分あったり，日常的な場面では場をわきまえた反応をすることができることも多くある。本件では，Ｙの記録によりＸが事業所Ａのデイサービスを利用するという場面ではこれまで適切に振舞っていたことが立証されている。

イ　サービス提供記録からの認定

例えば，判決文からはサービス提供記録には，Ｘは事業所Ａでの意思疎通には問題が無い旨の記載がされていることがうかがわれる。また，ケアマネジャーへの報告書には，Ｘのレクリエーション等への参加が記載され，特に問題なくコミュニケーションが取れている旨の記載があることがうかがわれる。上記の記載が詳細であり，迫真性があったからこそ，本件ではＸが「認知症ではあるが，事業所Ａにおいては，これまででではその場面場面で求められる適切な行動を取ることができていた」，「したがって，ＹとしてはＸが送迎を待つ局面で突然立ち上がって転倒すると予測することはできず，それを前提とした体制を整えていなくともやむをえない」との証明がなされ，結果として請求棄却の判決につながったものと考えられる。

ウ　連絡帳からの認定

これに加え，本件ではＹが独自に作成していたと思われる連絡帳の存在が大きいと思われる。一般的に言って，デイサービスの利用者に異変（認知症の進行をうかがわせる事情，足腰が従前よりさらに弱ってきたと思わせる事情）が存在した場合，連絡帳制度があれば利用者の家族はそこに記載をするはずである。にもかかわらず連絡帳に何らの記載が無ければ，Ｙとしては X には何ら体調の変化がないと考えるはずである。本件では，連絡帳に何らの記載が無かったことが，Ｙの予見可能性を弱める材料となったことは確かであろう。

(5) 評価

このように，本件ではＹの記録の存在と内容が訴訟の帰趨を決したといえる。介護記録等を適切につけることの重要性が良くわかる裁判例である。

6 推奨される記録のつけ方

本件を元に，本件のＹのような立場にある施設等はどのように記録をつけるべきであろうか。ポイントは，「認知症ではあるが，その場面に応じて適切な行動を取ることはできていた（＝送迎バスを待っている際に，突然立ち上がるようなことはこれまで無かった）」ということがしっかりと伝わる記録をつけることが重要である。その観点からすると，以下のような記録が推奨される。

例 1

良くない介護記録の例

○月○日

13 時より七夕飾り作成のレクリエーションに参加される。願いごとを書いた短冊を，自分の手で笹に結んでいた。

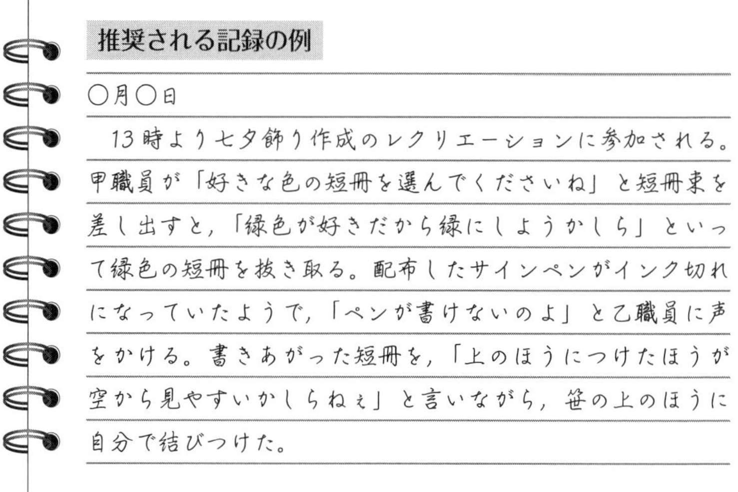
推奨される記録の例

○月○日

13時より七夕飾り作成のレクリエーションに参加される。甲職員が「好きな色の短冊を選んでくださいね」と短冊束を差し出すと，「緑色が好きだから緑にしようかしら」といって緑色の短冊を抜き取る。配布したサインペンがインク切れになっていたようで，「ペンが書けないのよ」と乙職員に声をかける。書きあがった短冊を，「上のほうにつけたほうが空から見やすいかしらねぇ」と言いながら，笹の上のほうに自分で結びつけた。

コメント

上記2つの記載を比較するとわかるとおり，書かれている出来事自体は同様である。しかし，上の記載では単に行動そのものを記載しているに過ぎないが，下の記載の場合，対象者が職員の問いかけを理解し，合理的な行動を取っていることが明らかになっている。このような記載を残せば，「日常的なことについては判断する能力が充分あった」との記録を残せる。

例2

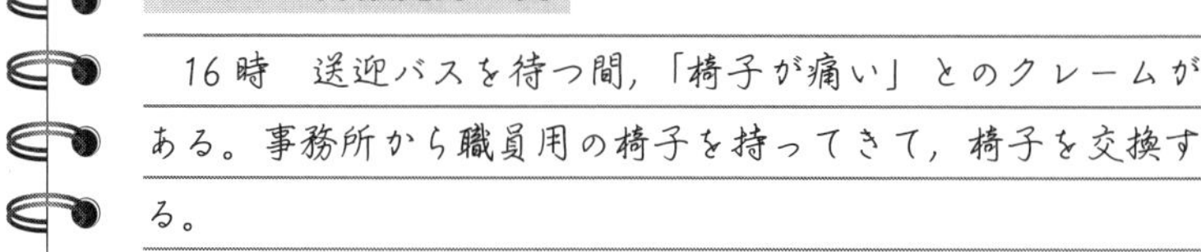
良くない介護記録の例

16時　送迎バスを待つ間，「椅子が痛い」とのクレームがある。事務所から職員用の椅子を持ってきて，椅子を交換する。

推奨される記録の例

16時　送迎バスを待つ間，甲職員に対し「歳のせいかお尻の肉がやせてしまって，パイプ椅子は座っているとお尻が痛くなるの。何とかならないかしら」と言われる。ご本人が座っているのは食堂のパイプ椅子なので，事務所から職員用のクッションの厚い椅子を持ってきて，椅子を交換する。

コメント

この記述も，同様に客観的な出来事は同じことが記入されている。しかしながら，上の記述はこれだけを見ると，「本人は椅子に座って送迎バスを待つ事に不満があった。それならば急に立ち上がることがあってもおかしくない」という印象を持たせてしまう。下の記載であれば，本人が合理的な理由で椅子に座って待つことが苦痛であることを訴えていること，それを職員に対し説明し，職員が合理的に対応して解決済みであることを示すことができる。

コラム　サービス提供記録とは？

現在，日本の高齢者の介護の多くは，介護保険を利用して行われている。介護保険制度は，概要として「介護が必要と認定された高齢者が，認定された介護業者から介護サービスを受ける。その際の費用については（国民健康保険のように）９割が公費負担となり，１割は高齢者が負担する」という制度である。

公費から９割の支払をする以上，介護業者がきちんと介護サービスを提供したことを明らかにする書類を残しておき，後日，必要があれば確認できるようにしておくことが必要である。

このような観点から，各介護事業者は高齢者に介護サービスを提供すると，提供した内容や当日の高齢者の体調等を「サービス提供記録」という用紙に記載しておく。この「サービス提供記録」の書式は各介護事業者によって異なるが，多くの場合，複写式となっており，介護業者が１部を，介護サービスを受けた高齢者がもう１部を保管する。

この介護サービス提供記録は介護サービスの提供を受ける都度作成されるため，後日振り返って特定の日の高齢者の体調・様子を確認することができる。そのため，訴訟の資料として使用されることも多い。

○サービス提供記録例

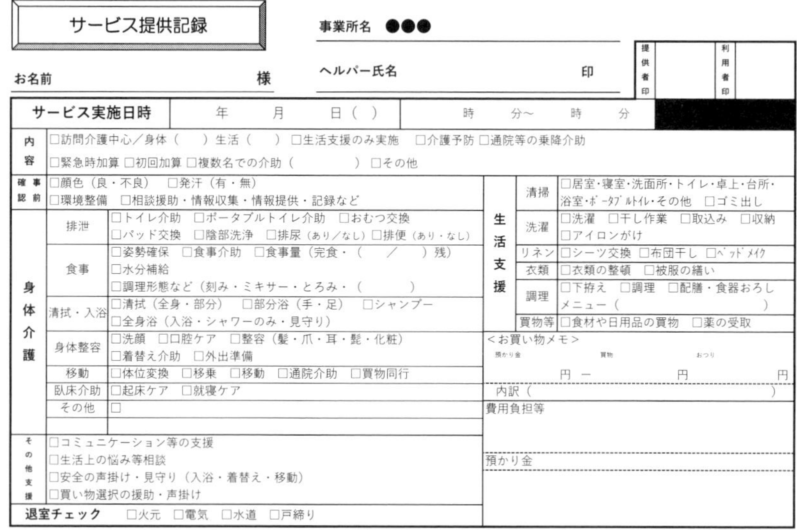

サービス提供記録

事業所名　●●●

お名前　　　　　　　　様

ヘルパー氏名　　　　　　　印

提供者印		利用者印	

サービス実施日時	年　月　日（　）	時　分～　時　分
内容	□訪問介護中心／身体（　）生活（　）□生活支援のみ実施　□介護予防　□通院等の乗降介助 □緊急時加算　□初回加算　□複数名での介助（　）□その他	

区分	項目	内容
事前確認		□顔色（良・不良）　□発汗（有・無） □環境整備　□相談援助・情報収集・情報提供・記録など
身体介護	排泄	□トイレ介助　□ポータブルトイレ介助　□おむつ交換 □パッド交換　□陰部洗浄　□排尿（あり／なし）□排便（あり・なし）
	食事	□姿勢確保　□食事介助　□食事量（完食・（　／　）残） □水分補給 □調理形態など（刻み・ミキサー・とろみ・（　））
	清拭・入浴	□清拭（全身・部分）　□部分浴（手・足）　□シャンプー □全身浴（入浴・シャワーのみ・見守り）
	身体整容	□洗顔　□口腔ケア　□整容（髪・爪・耳・髭・化粧） □着替え介助　□外出準備
	移動	□体位変換　□移乗　□移動　□通院介助　□買物同行
	臥床介助	□起床ケア　□就寝ケア
	その他	□
その他支援		□コミュニケーション等の支援 □生活上の悩み等相談 □安全の声掛け・見守り（入浴・着替え・移動） □買い物選択の援助・声掛け
退室チェック		□火元　□電気　□水道　□戸締り

区分	項目	内容
生活支援	清掃	□居室・寝室・洗面所・トイレ・卓上・台所・浴室・ポータブルトイレ・その他　□ゴミ出し
	洗濯	□洗濯　□干し作業　□取込み　□収納 □アイロンがけ
	リネン	□シーツ交換　□布団干し　□ベッドメイク
	衣類	□衣類の整頓　□被服の繕い
	調理	□下拵え　□調理　□配膳・食器おろし メニュー（　）
	買物等	□食材や日用品の買物　□薬の受取

<お買い物メモ>

預かり金　　円 －　買物　　円　おつり　　円

内訳（　）

費用負担等

預かり金

事例▶20

脳卒中で入院中の患者が病室の窓から転落して死亡したが，病院の責任が否定された事例

新潟地判平成7年10月5日（判タ904号193頁）

ポイント

医師・看護師は，転落事故を予見して身体拘束等の措置をとるべきであったのか

1 事案の概要

当事者であるAは，平成元年8月18日から脳出血のためにY（被告）の経営する病院の集中治療室に入院していたところ，同月21日の午前2時半頃，集中治療室のある3階の窓から1階の庇を経て地上に転落して脳挫傷を負い，数時間後に死亡した。

Aには，事故の前に点滴のラインを手繰り寄せて引っ張ったり，絆創膏をとろうとするなどの行動がみられたほか，脳出血により見当識障害となり，今いる場所がわからなくなっていた。

Aの相続人Xら（原告）は，医師や看護師らが患者を十分に監視すべき義務を怠ったとしてYに対し債務不履行ないし不法行為責任を理由として損害賠償を請求した。

2 判決の内容

結論 原告らの請求棄却。

理由 医師及び看護師は本件事故を予見しえたとは認められない。さらに，四肢抑制等の措置についても，措置は担当医師らの合目的裁量にゆだねられており，今回はその裁量を逸脱したと認めることはできな

い，としてＹの損害賠償責任を否定した。

3 争　点

【争点を考える上でのポイント】

⑴　医師，看護師は本件事故の発生を予見できたか

⑵　病院はＡに対して，鎮静剤の使用や四肢抑制などの措置を講じて事故発生を回避する義務があったか

⑴　Ｘが主張しているのは，事業者が介護サービス利用契約を十分に果たさなかった債務不履行責任（民法415条）と，従業員が故意又は過失により患者の生命・身体を侵害した不法行為責任（民法709条）であるが，いずれにしても本件では病院のスタッフの過失の有無が実際の争点となる。過失とは，事故という結果の発生を予見し回避する注意義務違反であるところ，本件では予見可能性，すなわち脳出血で場所についての見当識が失われたＡが病室の窓から転落して死亡することが予見できたか否かが問題となる。

⑵　この事例の大きな争点は⑴に述べた通り予見可能性であるが，裁判所は判決において，事故結果の回避義務についても判断し，Ａに対して四肢抑制等の措置を講じなかったことの適否について触れている。

病院や介護施設では，対象者の特性やその場の状況によって要請される看護・介護の方法が変わりうるため，その都度看護・介護の専門的な見地から裁量的な判断を行わなければならないことが多々ある。

身体拘束や鎮静剤の使用についても，現場ではそのような措置を講ずるかを迷う場面に遭遇すると思われるが，本件は四肢抑制等の身体拘束措置をとらなかったことが結果回避義務違反にはあたらないと判断された一例として参考になる。

4 提出された介護記録等

(1) 証拠とされた記録

裁判において提出された記録の正確な種類は不明であるが，本件では事故前のAの意識レベルや行動が記載された診療録及び看護記録が提出されたことがうかがわれる。

その他，本裁判例では上記診療録等の他に担当医師・看護師の証言が事実認定の基礎とされている。なお，原告側の証拠として，事件後に作成された，別の病院の医師による鑑定証が提出されているが，批准の軽い参考資料として扱われたようである。

(2) 診療録等により認定された事実

Aは入院当初，意識レベルがJCS，当時339度方式と呼ばれた基準のⅠ-2（刺激しないでも覚醒している状態であり，見当識障害がある）であった。

事件前日の午前0時，Aの意識レベルは同方式でⅡ-20（刺激すると覚醒する状態で，大きな声又は体をゆさぶることにより開眼する）まで低下したが，同日午後4時半には再びⅠ-2のレベルまで回復し，その後もほぼ同じ状態を保っていた。

また，事件当夜は場所についての見当識が障害されていたが，ベッドから降りようとする動作などは見られなかったことなどが記録及び看護師らの証言から認定されている。その詳細は次項のとおりである。

5 判決の分析

(1) 入院後転落事故までのAの様子

裁判所が提出された記録から認定した事実の経過は次のとおりであった。

〈入院時点（18日の夜間と推測される)〉

意識レベルⅠ-2。舌がもつれながらも自分の生年月日が言え，話しかければ「はい」，「いいえ」で答えるが，ボールペンを見せてこれは何かと問うと，「正直言ってわからない」と答える。

〈19日〉

1：30　ベッドから起き上がろうとし，かつ，制止を振り切って血圧計の環状帯を剥がそうとしたため，神経抑制剤の静注を受ける。

〈20日〉

0：00　意識レベルⅡ-20に低下。

16：30　意識レベルⅠ-２に回復。頭痛はないこと，困っていることはないこと，感覚は左右差がないことを述べる。

18：00　輸液ポンプに触れたり点滴のラインを折り曲げる等の行動。

21：00　今いる場所を問われて「陸軍でしょ。」などと答えるなど，見当識が失われた状態。

22：00　点滴ラインを自ら抜き取る。

〈21日〉

0：00　睡眠中，寝返りを打つ際に点滴のラインを手繰り寄せる，引っ張る，絆創膏を取ろうとする。

2：00　点滴の絆創膏を取ろうとしたが看護師が注意すると聞き入れた。

2：30　本件事故発生。

(2)　予見可能性についての判断

裁判所はまず，Ａのような脳内出血の急性期の患者については脳の何らかの異常によりベッド上で暴れたり治療に支障をきたす行為に出る可能性があるから，Ｙ及びその被用者らは社会通念上相当な限度で当該患者の安全について配慮し，注意する法的義務がある，との一般論を述べている。

裁判所は，前記(1)の事実経過から，Ａの病態はほぼ落ち着いており一時も目の離せない状況になったとはいえないこと，場所の見当識を欠いていたとはいえ点滴や尿管装着がされており抜去には痛みを伴うため，ベッドから下りて歩き出し，ベッドの柵や窓の前の障害物を乗り越えて転落するといった事態は通常予測することは困難であると認定して，転落事故の予見可能性を否定した。

判決文から推測するに，診療録等には事故発生前のAの言動が十分に記録されていたものと考えられる。そして，診療録等にはAがベッドから起き上がろうとしたとの記載はあるが，病室から出たがったりベッドから降りようとするような言動は記載されておらず，事故前のAにはそのような行動が見られなかったと認定された。病院において普段からAの行動を具体的に記録していたことが，予見可能性の否定に繋がったのである。

(3) 四肢抑制等の措置について

ア　本裁判例における判断

病院側の過失の有無について，裁判所は前述したとおり結果予見可能性を否定しているため，回避可能性及び回避義務について判断することは不要であるが，判決文では原告の主張に対する回答としてこれについても触れている。

すなわち，裁判所は，患者の四肢を抑制したり，鎮静剤を使用する等の措置を採るべきか否かの判断は「担当医師及びその命を受けた看護婦の合目的的裁量に委ねられ，かかる裁量を逸脱したと認められない限り，義務違反を論ずる余地はない」という医療従事者の裁量を認めた。

そして本件では，時間・場所等の見当識を欠いたり点滴などを抜去したりするAの言動は，Aと同程度の意識レベルの患者には通常みられるところであり，事故直前のAの状態からも四肢抑制等の措置を執るべき義務はない，と判断した。

イ　身体拘束についての考え方

本件は平成元年に起きた事件であり，当時は身体拘束について最小限にすべきという意識がまだ希薄な世情であった。

現在は介護保険指定基準下において，身体拘束は当人の生命又は身体を保護するため緊急やむを得ない場合を除き原則禁止とされており，この「緊急やむを得ない場合」は①切迫性，②非代替性，③一時性の

３要件を満たす極めて限定的なものと理解されている。さらに，やむを得ず身体拘束を行う際は本人や家族にできる限り詳細に説明を行うなど手続面においても慎重な取り扱いが求められる（参照：厚生労働省「身体拘束ゼロ作戦推進会議」身体拘束ゼロへの手引き）。

したがって，身体拘束をしていない状態で介護・医療事故が発生した場合の施設側の過失（結果回避義務）の有無については，身体拘束をしなかったからといって直ちに過失が認められる可能性は低く，事故防止のために対象者の周りの環境を整えて十分なケアを試みたか，また巡視が行き届いていたか等の要素が重視されるものと思われる。

ウ　身体抑制に関する裁判例

㈠　最三小判平成 22 年 1 月 26 日（民集 64 巻 1 号 219 頁）

病院（外科）に入院中のせん妄のある患者に，当直の看護師らがミトンを用いて２時間程度両上肢をベッドに拘束した行為が違法であるか否かが争われた事例。

二審（名古屋高裁）は本件抑制行為に切迫性や非代替性がないと判断したが，上告審では，抑制行為は対象者の受傷を防止するため緊急やむを得ない行為であって正当な療養看護行為の一環であると判断し，原判決を破棄した。

病院における身体拘束には，精神科を除き公的な基準が設けられていないところ，本判決（及びその下級審も）では先に述べた介護保険指定基準の３要件と同じ基準を用いてその適否を判断されている。

㈡　東京地判平成 7 年 2 月 17 日（判タ 901 号 209 頁）

うつ状態により強い自殺念慮を有する男性が精神病院に入院中，自殺防止目的で抑制帯を施行していたが，看護師の巡回の合間に当該患者が抑制帯を解き，その紐で縊死自殺をした事例。

裁判所は，精神病院には患者に対する十分な監視と周到な看護を行う注意義務の懈怠があるとして病院側の過失を認め，不法行為責任を肯定した。

身体拘束を適切に行わなかったことが問題となった事例ではあるが，精神科病院では身体拘束について介護施設とは少々異なる規定が設けられていることや，裁判所は病院側には「自殺を防止するための十分な監視と周到な看護を尽くす義務」への違反があると述べたのであり，身体拘束を絶対的な手段と判断したわけではないことにも注目すべきである。

6 推奨される記録のつけ方

良くない介護記録の例

ここ数日で，場所についての見当識が失われてきた様子。

4～5時の夕暮れ時になると帰宅願望が出現し，窓の外を気にすることが多い。窓に意識がいかないように夕暮れ時はカーテンを閉めて様子をみることとした。

推奨される記録の例

夕食前の時間に，上半身を揺らしながら窓の外を見てそわそわしていたので声をかけると「もうすぐかあさんがご飯によびにくる」「カズオが学校から帰ってくるから……」などと言い混乱されている様子。少し話すと自分がホームにいることを思い出した。昨日も夕方に同様の発言があったため，夕暮れ時にはご本人に話しかけながら部屋の周りを1周歩き，落ち着きを取り戻せるよう試みることとした。

コメント

介護対象者の能力が落ちるなど変化があると感じた場合，具体的にどの程度の変化があったのかがわかるよう，抽象化した文章ではなく本人の行動や発言をそのまま記録しておくことが望ましい。

現在は身体拘束を全面的に廃止する主義の施設も増えており，入居者や家族にとって望ましいことである。しかし，非常に強固な自傷・他害行為がみられる場合や医療現場においてはやむを得ず身体拘束が必要な場合もありうる。

そのような場合の記録の付け方について，介護保険指定基準に関する通知によると「緊急やむを得ず身体拘束等を行う場合には，その様態及び時間，その際の利用者の心身の状況，緊急やむを得なかった理由を記録しなければならないものとする」との定めがある。

これらの要素をすべて記録することはもちろんのこと，身体拘束を繰り返す事態を避けるために今後のケアプラン策定の参考になるような情報も記載しておくことが望ましい。

事例▶21

軽度の痴呆のためベッドに立ち上がることのあった高齢の入院患者が，夜間に柵のあるベッドから落ちて側頭部を床に強打し，くも膜下出血で死亡した事例

東京地判平成8年4月15日（判時1588号117頁）

ポイント

病院はどの程度の頻度で巡回すべきであったか

1 事案の概要

X（原告）は，事故当時78歳の女性Aの長男である。Aは，平成2年7月11日，心筋梗塞の疑いで，Y（被告）の管理経営にかかる病院に入院した。その後，Xは簡易ベッドでAに付き添い，食事や排便，排尿の介助をしていた。

同年8月7日午前4時頃，Aの病室から物音がし，看護婦が見に行ったところ，Aがベッド脇の床に仰向けで倒れていた。Aは頭部打撲の傷害を負っており，同月15日，くも膜下出血で死亡した。

上記転落事故の10日前にもAがベッドから転落して頭部打撲となったことがあったこと等から，Xは，Yの担当医師には，①ベッドの使用を止めて病室に畳を敷きその上に寝具を置くか，あるいはベッドの使用を継続するとしても，②抑制帯を使用するなどしてAがベッドから落ちないように適切な措置を講ずるか，又は③ベッドから落ちても衝撃を緩和する措置を講じ，もってAが負傷ないし死亡することを防止すべき義務があったが，これらの義務に違反する看護上の過失があったとして，慰謝料の損害賠償を請求した。

2 判決の内容

結論 原告の請求を認容（ただし，認容額は請求額の２割の200万円）。

理由 Ａの当時の状況からみて，Ａがベッドから転落して死亡を含む重大な結果が生ずることは予見可能であり，これを防止するための巡回義務の履行を怠り，適切な看護を受ける機会を失わせたと判断した。

3 争　点

【争点を考える上でのポイント】

⑴　死亡の原因はベッドから転落したためか

⑵　Ａがベッドから転落して頭部打撲で死亡を含めた重大な結果が発生することを，Ｙにおいて予測できたか

⑶　Ａの転落による死亡を含めた重大な結果が発生することに備えて十分な防止策が講じられていたか

⑷　義務違反と死亡との因果関係

本件では，Ａがベッドから転落して死亡している。したがって，本件訴訟でＡの日々の行動等からして，「ＹがＡの転落を予見できたか，結果回避可能性があったか」という２点が争点となることは当然である。

ところが，上記の判決の内容に記載したとおり，本件の結論は，「Ｙが巡回義務を怠り，Ａが適切な看護を受ける機会を失わせた」ということを理由として，Ｘの損害賠償請求を一部認容している。

このような事件では，実質的なもう一つの争点として「Ｙが適切な看護を行っていたか（＝見回りの頻度，その内容，転落防止措置の適切性）」等が問われることになる。介護記録作成に当たっては，上記のような観点から記録が検討されることがあることを日頃から予測しておくべきである。

4 提出された医療記録等

裁判所の事実認定を見ていくと，裁判所は診療録及び看護記録を詳細に引用し，事故当日のことはもとより，前回の転落事故の様子，その他Aがベッド上に立ち上がったり，ベッドの柵を乗り越えようとしたことがあったこと等の一連の経過が詳細に認定されている。特に本判決においては，看護師の実際の巡回の頻度が重要となったが，その認定は看護記録の記載によってなされており，その客観的資料としての重要性が際立つ結果となっている。

5 判決の分析

以下，上述した争点ごとに分析を試みたい。

(1) 死亡の原因

Yは，くも膜下出血の原因について，必ずしもベッドからの転落によるものとは限らないと主張していた。しかし，証拠保全記録中にあった被保険者症状調査票その他の記録から，担当医師も看護師も，本件事故については，Aがベッドから転落して頭部を強打したことによる外傷性くも膜下出血で死亡したと認識していたなどとして，そのとおりに認定された。

(2) Aがベッドから転落して死亡を含めた重大な結果が発生することを，Yにおいて予測できたか

Aは，パーキンソン病のため四肢障害が存し，白内障のため左眼の視力はなく，右眼の視力は低下していた。また，軽度の痴呆が認められ，危険性を十分に理解しないでベッドの上に立ち上がることがしばしばあり，深夜にベッドの柵を乗り越えようとして，目を覚ましたXが制止したことがあること，ベッド上に立ち上がった際の応答も尿意を訴えるほか，意味不明のことを話すことがあったこと，これらのことを看護師が見聞し，担当医師も看護師から聞いたり看護記録を読んだりして認識していたこと，心配したXが，Yに対してベッドではなく畳の使用を要望等していた等の経

緯が認定されている。

特に，本件事故の10日前の７月29日午後11時頃にも，物音がしたことから看護師が赴いたところ，ベッド脇でＡが倒れており，右側頭部を打撲していた。以後，医師と看護師との間で，「夜間ベッドから落ちる。」という問題点に対して，危険防止のための具体策として，「頻回に訪室する」こととされ看護計画にもその旨が記載されていた。

これらの事情を前提として，少なくとも７月29日の１回目の転落以降は，Ａがベッド上に立ち上がり，不安定な歩行により，再度ベッドから転落すること，そのため頭部打撲で死亡を含めた重大な結果が発生することを予見することは可能であり，現に担当医師及び看護師らはその危険性の認識を有していたと認定された。

(3)　Ａの転落による受傷・死亡に備えて十分な防止策が講じられていたか

判決は，医師が，危険防止のために具体的にいかなる作為義務を負うかは，医師の専門的判断に基づく裁量の範囲があることを前提とし，予想される結果の重大性，予測される結果発生の蓋然性，結果発生を防止する措置の容易性，有効性，その措置を講ずることによる医療上ないし看護上の弊害等を総合考慮して判断すべきとの一般論を述べている。その上で，原告が主張した防止策等を検討している。

ア　畳の使用については，病室に畳を敷くのは特殊例外的であるとして，ベッドによる看護体制を継続したことは担当医師の裁量の範囲内とした。

イ　抑制帯については，患者の身体の自由を拘束し，精神的苦痛が大きいこと，リハビリテーションの妨げになること等からして，抑制帯を使用する必要はないと考えた担当医師の判断は合理的裁量の範囲内にあるとした。

ウ　ベッドから落ちても衝撃を緩和する措置については，原告から具体的な主張がされていないとして判断されなかった。一般的には，ベッドの下にマット等の緩衝材を敷くことが考えられるが，つまずきの原因となってかえって危険だという指摘も多いところである。

エ　頻繁に巡回をすること

その上で，判決では，被告が主張していた巡回を頻繁に行っていたことに関して，以下のようにその義務が存することを認定している。

巡回の頻度を多くしてＡの動静に注意することは，転落防止に必ずしも万全の方法とは言えないが，出来るだけＡの身体の自由を拘束せず，危険発生の蓋然性とリハビリの必要性とを調整する，現実的かつ比較的容易な手段であると考えられ，ほかに有効で，かつ弊害のない看護上の通常の手段が認められないことに照らし，合理的な看護方法として容認される。そして，本件においては，右方法が担当医師及び看護婦らの間で看護方針として取り決められ，患者側からその確実な履行が期待されていたものと考えられ，平成２年７月30日以後は，Ａの看護において，安全配慮上の義務となっていたと認められるとしている。

そして，その頻度について，もともとＡが入院していた病棟においては，通常午後９時から午前６時までの間に最低１回以上訪室していたということであるが，転落を防止するという目的及び頻回に訪室するという看護方針に照らすと，１時間に１回よりは多くＡの病室を巡回して，その動静を観察することが期待されていたと考えるのが相当であるとした。

その上で，Ｙが提出した証拠では，どのように巡回の頻度を増やし，かつＡの動静に注意を払っていたかについては，曖昧で，具体性を欠き，その内容は明らかでないと言わざるを得ないと判示した。むしろ看護記録を見ると，夜間の巡回の記録の頻度は７月29日のＡの転落の前後で１時間ないし２時間に１度程度と変わらないこと，特に深夜は３時間に１度程度しか巡回の記録がない日があること，２度目の転落のあった８月７日も，巡回は午前０時30分（看護日誌には，ゴソゴソ動いているが，臥床していないので様子見る（昼夜逆転），と注意喚起すべき事情が記載されている），同２時，次いで午前４時の転倒の記載となっていて，頻繁に巡回し，Ａの動静を注意して，転落の防止に努めた様子は窺われないとして，看護師らは，前記看護方針に従い，頻繁に巡回し，Ａの転落による危険発生の防止に務める義務を履行していなかったと認めるのが相当であり，担当医師には右義務履行のための具体的な看護態勢をとる指示監督義務を怠った過失が認められるとした。

(4)　義務違反と死亡との因果関係

巡回の頻度を増やしても，必ず転落を防止できる方法ではないと考えられることから，病院の義務違反と転落防止との間に十分な因果関係を認めることができない。そこで，本判決は，危険発生の相当の蓋然性があるなかで，病院側が法的な義務として期待される措置を現実に履行しない場合には，適切な看護をうける期待を有している患者に対し，その機会，可能性を奪ったことによる不法行為が成立するとして，慰謝料200万円を認容した。

これは，医師の過失と死亡との因果関係が認められない場合に「患者が適切な医療を受ける期待権」という概念を構築し，その侵害を理由に慰謝料を認めるいわゆる期待権理論と同様のものであり，学説では批判もあるところである。

6　看護記録の記録方法について

本件のように，頻回に訪室することが看護計画上の最優先課題となっている場合には，特記事項がなくとも訪室したことを必ず記載する必要がある。また，その表記も「22時50分」とかではなく「22時52分」などと正確に記し，また可能であれば平穏な様子なども記載することが好ましいと考えられる。

本判決でも，看護記録に「(巡回したところ）入眠中」との記載があることから，後述のように看護師が巡回をしていた事実自体は認定されている。

(1)　本件以外でも，病院や介護・障害者施設などの現場で，不穏な様子を示す患者や利用者に対して，どの程度の頻度で巡回・見守りをすべきかは常に問題となるところである。身体，生命に対する重大で切迫した危険がある場合には常時の看護・見守りが要求されるが，そこまでではない場合に人員配置基準等との関係でどこまで看護・見守りを実行しなければ，安全配慮義務を果たしたことにならないのかの判断には難しいものである。

本判決は巡回の頻度として「1時間に1回よりは多く」という基準を示した。その理由としては，「転落を防止するという目的及び頻回に訪室するという前記看護方針に照らすと」という抽象論しかないが，本件程度の不穏状態にある患者について，その監視・見守りについて通常の場合よりは相当に配慮していることがうかがえる内容として，一つの考え方を示したものと言える。

なお，監視・見守りについて通常の場合よりは配慮していることを示す内容としては，巡回の頻度だけではなく，例えばナースステーションの近くの部屋に移すことによって事実上見守りを容易にするとか，あるいは近時の医療介護機器の充実の中で各種センサーを活用する等の対応もありうる。

(2) Yは，7月29日の転倒以後は，看護師らによる巡回を更に高い頻度で行うこととし，かつ転倒があったことを念頭にAの動きにより一層注意を払っていたと主張した。しかし，本判決では，Yが提出した証拠では，どのように巡回の頻度を増やし，かつAの動静に注意を払っていたかについては，曖昧で，具体性を欠き，その内容は明らかでないと言わざるを得ないと判断された。

さらに，看護記録では，「入眠中」という記載も多くなされていることから，特に異常がない場合でも一応看護記録への記載がなされているものであるという判断を前提として，夜間の巡回の記録の頻度は7月29日の1回目の転落の前後を通じて変わっていないし，2回目の転落の直前も2時間巡回がなされていなかったとして，結果として巡回が不十分であったと認定されたものである。

たしかに，時間が決められている投薬や，突発的対応などの看護を行った場合には，それらの記録が漏れることはないだろうが，本件のような転落防止のために頻繁に巡視するような場合などは，特記すべき事情がなければ記録を省略してしまうこともありうるところである。本件訴訟でも，そのような内容を示す看護師の陳述書等が証拠提出されていた可能性があるが，「曖昧で，具体性を欠き，その内容は明らかでない」として，Ｙによる頻回な巡回の主張は退けられた。

本件のように，転落防止のための監視そのものが看護計画上の最優先課題となっている場合には，通常の巡回とは明確に区別して，実際に頻回に訪室し，かつその経過を全部記録しておくべきであった。

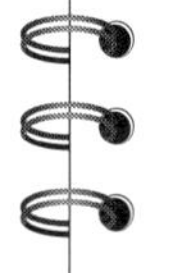

良くない介護記録の例

カンファレンスの結果，今後は巡回を頻回にすることとした。

コメント

このような記載は，しばしば（特に介護記録に）見られる。実際にはカンファレンスで「２時間に１回程度は部屋に様子を見に行く」等定めているのだが，それが記録化されず，当事者間で口頭で申し送りされているだけのことがしばしばある。

このような口頭での申し送りだけでは，後日，仮に事故があった場合の証拠化ができない。カンファレンス等での決定は，極力記録化すべきである。

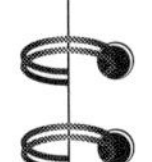

良くない介護記録の例

巡回したところ，臥床しておらず様子見る。

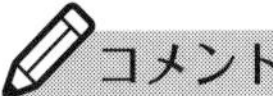

本件では，Ｙ側は「巡回の頻度を増やし，Ａの動静に注意を払っていた」と主張する。しかし，上記の記載では具体的にどのように「動静に注意を払ったか」が不明である。

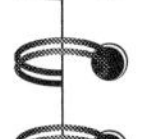

推奨される記録の例

巡回したところ，ベッド上に胡坐をかいて座り込み，何かつぶやいている。声掛けをして臥床を促し，臥床するまで様子を見た。

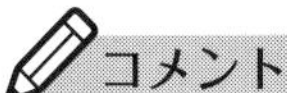

上記の推奨されない記載例で登場した事態について詳細に記載したものである。このように記載すると，「座り込んでいること」つまり，ベッドから立ち上がろうとしていたわけではないこと，看護師（介護士）は臥床を促しており，ある程度結果回避のための行動をとったことを記録として残すことができる。

事例▶22

老人保健施設に入所していた全盲・認知症の症状のある女性が窓から転落して死亡し，施設への慰謝料請求が認められた事例

東京地判平成 12 年６月７日（判例集未登載）

ポイント

施設職員は全盲かつ精神的に不安定な状態にあった入居者Ａに対して適切な介護・看護体制をとっていたかどうか

1　事案の概要

当事者Ａ（女性・事故当時 70 歳）は平成２年頃から全盲となり，身の回り全般の介護が必要であったところ，平成９年２月 28 日，医療法人Ｙ（被告）の経営する老人保健施設の３階の部屋に入所した。同年３月 19 日の夜 10 時半頃，Ａは施設の同室者と口論をして興奮状態となり叫び続けたため，３階の別の部屋のベッドの上に座らされた状態で，部屋に一人残された。翌朝早朝，Ａはその部屋の窓から転落し，出血性ショックにより死亡した。

Ａが残された部屋には当時寝具がなく，Ａがいたベッドにも布団は敷かれていなかった。窓の前には高さ約 80cm の家具があり，窓の外側には高さ数十cm の目隠しフェンスのみが設置されていた。

Ａの内縁の夫Ｘ（原告）は，施設職員が適切な介護・看護の措置を怠ったことが原因で転落事故が起きたとして，Ｙの使用者責任に基づき慰謝料を請求した。

2 判決の内容

結論 原告の請求一部認容。

理由 施設職員らはＡに就寝可能な環境を提供せず，不安定な状態のＡに声をかける等もしなかったため，適切な介護すべき義務を怠ったと判断して職員の不法行為責任及びＹの使用者責任を認めた。Ｙには慰謝料として 600 万円の支払いが命じられた。

3 争　点

【争点を考える上でのポイント】
事故の原因は施設の介護職員の過失によるものか

今回は，老人保健施設を経営していた医療法人が被告となっており，使用者責任（民法 715 条）の有無が争われているところ，経営者の使用者責任が成立するには被用者である施設職員について不法行為が成立している必要がある。この裁判例の主な争点は，転落事故は施設職員が適切な看護を行わなかったという過失に起因するものであるか否かであり，事件当時Ａらを担当していた介護福祉士Ｂの対応の是非が問われている。

施設職員の過失が認定されるには，事故という結果を予見しえたか，またその結果を回避できたかが問題となるところ，介護施設の入居者には判断能力に欠ける人間や，今回のＡのように障がいをもった人間が含まれるため，予見可能性の有無は個々の入居者の特性を十分に考慮して判断される。

本件では，Ａは認知症の症状があったというのみならず，全盲のため身の回りのほとんど全てのことを行うのに介護が必要，という特性がある。そのような状態のＡを，寝具もない部屋に一人長時間放置することのリスクが問題視された事案である。

4 認定された事実

(1) 提出された証拠の種類

本件では，書証としてＹの施設でつけられていた介護・看護記録のほか，事故後にＡを診療した病院の診療録，看護記録等の治療に関する記録の写しが提出されている。しかし，記録ごとに事故発生時刻の記載が異なっており，内容に齟齬があった。裁判では原告のほか，事件の夜にＡを担当していた介護福祉士Ｂなどが証人として出廷しており，裁判所は同人らの証言も重視して各事実を認定している。

(2) 事件当夜の経緯

Ａは，事件から約７年前の63歳頃に，網膜の病気で全盲となり，身の回り全般の介護を要するようになった。施設に入居する頃には認知症の症状がみられ，たびたび精神的不安に襲われたり興奮状態に陥ったりし，家に帰りたいなどと述べていた。

Ａは，施設３階にある４人部屋の304号室に入居していたが，事件のあった夜，同室の者と激しく口論し，興奮して大声を上げ続けた。

Ｙの施設では，夜間は二人体制で職員を置いており，事件当夜は２階担当の看護師とＡのいる３階担当の介護福祉士Ｂの２名で介護にあたっていた。

- 午後10時30分頃　Ａの興奮状態が収まらず，他の入居者の迷惑となるため，Ｂは当直看護師の指示によりＡを310号室に移動させて一人ベッドに座らせた後，他の入所者の介護に戻った。Ａは移動後も「助けて」「帰りたい」などと叫び続けていた。
- 午前０時頃　Ａは叫ぶのをやめて静かになり，ベッドから立ち上がって歩き回ったり座ったりすることを繰り返した。Ｂは，Ａに刺激を与えないようにという看護師の指示に従い，そっと戸を開けてＡの様子を確認するにとどめ，声をかけたりすることはなかった。ＡもＢの見回りには気が付いていなかった。

- 午前4時30分頃（あるいはそのしばらく前） 落下事故が発生。Bが確認のため310号室を訪れたところAの姿がなく，Aが落下したことに気が付いた。

⑶ 310号室の状況

事件当時，310号室にはAの他には人がおらず，入口正面とその奥，また入口を入って右奥の場所にベッドが計3台あったが，いずれも布団などの寝具は用意されていなかった。またAが落下した窓の手前には高さ約80cmの収納ラックと押入れタンスがあり，ラックを踏み台にすれば窓枠まで登れる状態であった。

窓は施錠されていたが，Bは窓にロック装置が取り付けられていることを知らず，ロックはされていなかった。

窓の外には高さ数十cmの目隠しフェンスが設置されていた。

5 判決の分析

⑴ 施設職員に発生する義務について

裁判所は，老人保健施設等の介護施設における適正な介護の方法について，「諸事情を総合考慮し，看護婦，介護福祉士等その資格に相応した専門的見地からその裁量的判断を適切に行い，選択した方途を実行することが求められる」と介護従事者の裁量を認める一般論をまず述べている。

そして，本件のAの場合，全盲，認知症の症状があったほか，従前から「失禁したり，朝目覚めた際自分がどこにいるかわからない。あるいは，時折興奮して会話が支離滅裂となり，なかなか収まらないといったこと」があり精神的不安定な状態に陥って精神安定剤を服用することもあったこと，また事故の約2週間前に書かれた介護・看護記録に「つきっきりでなくとも大丈夫ではないかと思える」との記載があり，詳細は不明であるものの一時はAから目の離せない状況になったことがあったことがうかがえたことを認定している。

そのような状態のＡを室内の状況を知らない310号室へ移動させ，一人同室に残して言葉のやり取りもしないで単に様子を見るという環境又は状況を設定したのがＢであったことに鑑み，裁判所は，Ｂには「同室の状況を踏まえて，Ａの動静にできる限り注意を払い，要介護の心身の常況にあるＡの身体の安全について配慮すべき義務が生じる」と述べた。

本件は，Ａのような対応の難しい入居者に対して，施設職員はどのような措置を取るべきだったのかを考察するのに意義のある事例といえよう。

(2)　裁判所の考える「適切な介護」とは

まず，今回のように入居者が興奮状態にある場合，施設職員には同人に対応することと並行して他の入居者の安全と平穏を守ることが求められる。今回，叫び続けるＡを一時的に他の部屋に一人で隔離すること自体は責められることではなく，裁判所も「その措置そのものに非とすべき点は見出されない」と述べている。

しかし，その後については，Ａが事件当夜４時20分頃にベッド上に座っていたところが目撃されており，深夜以降はそれなりに落ち着きをみせるようになっていたことがうかがわれたにもかかわらず，施設側はなおも室外から様子を定期的にみるに留める対応を継続していたことを問題とした。裁判所は，Ｂに対して「Ａが落ち着きを取り戻しているか確認すべくＡに何らかの働きかけをしたり，寝具等がなく一睡もしていないと認められるＡの不安定な状態を解消させる措置を試みるべきであった」と述べ，Ｂの対応はＡの適切な介護を受ける機会を失わせたものであり，そのために本件事故に至ったものと認定して同人の過失を認めている。

裁判所は，本件における「適切な介護」とは，Ａを310号室に留めることはＡを鎮静化させるという目的に照らしなるべく短時間にとどめ，Ａができるだけ速やかに通常の状態で睡眠をとることができるよう配慮することである，と考えている。

具体的には，Ａが310号室に移動した後しばらくした後に，試しにＡに声をかけるなどして興奮が鎮静化したかを確認するほか，排泄，就寝等の介助を要する状態に至っていないか等，通常の心身の常況にあるものに対しても当然必要となる配慮をすべきであった。

(3) 転落事故防止について

Ａは全盲で，普段生活していない部屋に一人取り残されれば自分がどのような状態に置かれたのかを把握する術がないうえ，夜中に何時間も排泄や睡眠が妨げられた状態に置かれれば，不安になって周りを探り，その場から脱出しようと試みるのは自然な流れといえる。

本件では，午前０時を過ぎてＡが叫ぶのをやめた頃には，Ｂは排泄の意思を確認したり，現在Ａが置かれた状況を説明するなどＡが安心できるような声かけをすべきであった。

また，判決文では触れられていないものの，Ａを長時間一人で隔離するのであれば，盲目のＡが周りを探っても安全を保てるような室内環境であるかを確認し，窓の前の家具を動かしておくことも事故予防のために必要であったと考えられる。

6 推奨される記録のつけ方

Ａが相当時間過ぎたあとも一人放置されていたことから，判決では，Ａを「どのように処遇するかについて確たる見通しや方針もなかったのではないかとの疑問が払拭されない。」とも述べられている。

看護・介護対象者が興奮状態に陥った際の対応については，あらかじめ共通のマニュアルを作成して職員間で共有しておくほか，興奮しやすい性格の対象者には各人の介護計画書の中でも対応を想定しておくことが望ましい。それでもイレギュラーな事態が起きて入居者に隔離あるいは四肢抑制などの措置をとらざるを得ない場合，その措置はいつまでとるのか，またその後どのように対応する予定なのかを措置開始の時点で予め記録しておくことが推奨される。

良くない介護記録の例

16時　テレビを見ていたところ，珍しく興奮して叫び声をあげ，他の入居者に掴みかかる。なかなか興奮が収まらないのでとりあえず空いていた隣の205号室に移動させ，静まるのを待つことにする。

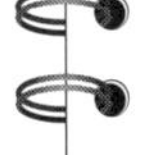

推奨される記録の例

16時　テレビの戦争特集が刺激となり，興奮して他の入居者へ掴みかかる。205号室に移動させ，空き部屋にて鎮静化をはかる。本人難聴のため「おちついたら，またきます」とのメモを大きく書き，本人の座っている隣に残した。

夕食の時間を目安に声かけし，まだ興奮しているようであれば食事は遅らせて，再度30分ほど様子を見る予定。

コメント

本人がどのようなことで興奮状態になるのかが記録からもわかるように記載し，今後の対応について目安の時間と職員が行うことを明らかにしておくことで，職員の交代があっても引継ぎの資料とすることができる。また，入居者の特性に合わせて適切に配慮し，それを記録上残しておくことも本人のケアプラン更新時の参考になる他，職員が適切な介護を行っていたことの証拠となる。

事例▶23

帰宅願望のある認知症の高齢者が，２階の窓をこじ開けて転落した事例

東京地立川支判平成 26 年９月 11 日（判例集未登載）

ポイント

従前から帰宅願望の見られた認知症のある高齢者について，２階の窓をこじ開けて雨どいを伝って外に出ようとすることまで予見できたか

1 事案の概要

Ａは，認知症を患う高齢者である。判決文に記載がなく，Ａの具体的な年齢は不明であるが，本件事故で死亡する２年前の平成 22 年頃から認知症の症状が出始め，徘徊するようになった。Ｘ１，Ｘ２はいずれもＡの子であるが，Ａが徘徊する可能性があるためいくつかの施設のショートステイを利用していた。しかし，徘徊をすることがあるためなかなか施設になじめず，ショートステイを断られることがあった。

平成 24 年７月５日，Ｘ１，Ｘ２はＡがかねてから通所リハビリテーションに通っていた介護老人保健施設Ｂに対し，Ａのショートステイを申し込んだ。Ｂはこれを了承し，同日，ＡＢ間でショートステイ契約が結ばれた。この契約に基づき，Ａは同月 18 日から 26 日までＢでショートステイをし，26 日に帰宅した。

同年８月，再度Ｘ１，Ｘ２からＢに対しショートステイの依頼があり，Ａは同月３日から 10 日までＢでショートステイをすることとなった。Ａには帰宅願望や徘徊が見られたところ，同月７日午後８時頃，ＡはＢ施設２階にある食堂の窓（ストッパーにより，150mm までしか開けられないようにしてあった）をこじ開け，雨どいを伝って１階に降りようとして転落し

た。Ａは救急搬送されたものの，死亡した。

Ｘ１，Ｘ２がＢに対し，安全配慮義務違反を理由として債務不履行，あるいは不法行為に基づく損害賠償を請求したのが本件である。

2 判決の内容

結論 原告の請求棄却。

理由 事故に至るまでの状況から見て，Ａが２階の窓から雨どいを伝って１階に降りようとすることまでは予見不可能であり，安全配慮義務違反はないと判断した。

3 争　点

【争点を考える上でのポイント】

Ａのこれまでの行動から，Ａが２階の窓から外に出ようとすることまで予測できるか

本件のＡは，Ｂ施設にショートステイを始めた際から徘徊があり，しかもその徘徊は他の施設でショートステイを断られるほどであった。その徘徊の事実は，Ｘ１，Ｘ２からＢに伝わっていた。また，ＡはＢ施設にショートステイを始めてからも，頻繁にＢの職員に「家に帰る」という趣旨の話をしており，いわゆる帰宅願望があった。実際に，Ａはショートステイ中に何度か１階までエレベーターで降りてくるなどして，帰宅しようとしている。

このようなＡのこれまでの行動からすると，Ａはかなり強い帰宅願望を有し，家に帰ろうと徘徊してＢ施設から外に出ていくことも予測できるのではないかとも考えうる。

そこで，本件ではAのこれまでの行動から，Aが徘徊して本件事故を起こすことが予見可能であるかが争点となった。

4 提出された介護記録等

本件の判決文によると，提出されている介護記録のうち明示的に記載されているものは，日常動作調査票，療養介護計画書，サービス計画書である。その他，文書名の明示はないが，ショートステイ中のAの言動が細かく認定されているので，日々のAの行動を記録した書類（いわゆるケース記録と呼ばれる，日々記載される具体的な出来事を記載した記録）が提出されていると考えられる。

このうち，療養介護計画書，サービス計画書はいずれもAの介護をするに当たり具体的な注意点と，どのようなサービスを提供するかを示す書類である。一般的には，上記計画書はショートステイが始まる前に，家族等からの聞き取りを行って作成される物である（本件では，ショートステイが始まる前の7月11日及び入所当日に作成されている）。

本件で証拠提出された療養介護計画書には，Aに帰宅願望がある旨が，サービス計画書には，「家族から帰宅願望があるかもしれないが，穏やかに過ごしてほしい」との希望が出された旨が，それぞれ記載されていたことが認定されている。また，日常動作調査票には，Aには認知症があるものの，身体的には大きな問題はない旨が記載されていた。

ケース記録と思われる記録には，Aの日々の行動が示されていたが，裁判所が認定したものとして，1回目のショートステイの記録では，7月24日にAはB施設の西側廊下奥の引き戸をガンガン開けようとした，職員に対し，「帰るから下へ降ろしてよ」との訴えをし，「家族から頼まれているから」と施設職員が説得して何とか収まった，同月26日に1回目のショートステイを終えるに当たり，Aは一人で歩いて帰ると言ったとの事実が認定されている。

2回目のショートステイでは，8月4日午前9時，AがB施設のステーションに何回も来て，「帰りたいんだけど，階段はどこ」との訴えをした，同月５日午前10時，職員に「１階へ降りたいんだけど，エレベーターはどうやったら動くの」と数回尋ね，家に帰ると話した，同日午後６時40分頃から，暴言，大声，威嚇が頻回あり，「電話をかけろ」，「ドアを開けろ」「階段のかぎをあけろ」などと大声を出し，窓ガラス，エレベーターなどをたたく行為がみられ，職員が対応しても収まらなかったので家族に電話して５分ほど話をしてやっと落ち着いた，同月７日午後５時50分，歯科診療後に２階エレベーターが開いたとき，Ａが歯科医師とともにエレベーターに乗り込んでしまい，自宅に帰ると言ったという事実が記載されている。

上記のとおり，ケース記録上からはＡがかなり強い帰宅願望を有し，たびたびＢ職員に「帰りたい」と発言しているだけではなく，実際にエレベーターで１階に降りてきたり，職員に「ドアを開けろ」等の要求をしていることが明らかになっている。

しかしながら，当該記録にみられるＡの帰宅願望は，いずれもエレベーターや階段で１階に降り，そこから歩くなどで帰宅しようとするものとして表れている。２階の窓から外に出ようとするといった行動は，ショートステイ開始から本件事件の発生まで見られなかった。

5 判決の分析

本件事件は，これまでＡがしばしば「帰りたい」との帰宅願望を表していたことからはＢ側にとって不利益な判決が出てもおかしくない事案であった。しかし，Ｂの記録が詳細であり，これまでのＡの帰宅願望と本件事件が，いわば質的に違うものであるとの印象を裁判官に持たせることができるようになったことから請求棄却判決を得ることができた事案と考えられる。以下，分析を行う。

まず，本件はＸ１，Ｘ２らがＢに対し，Ａは徘徊がひどく，他の施設ではショートステイを断られたことを明らかにしてショートステイを申し込んでいる。そのため，Ｂの療養介護計画書，サービス計画書にはいずれも「帰宅願望あり」と記載されており，注意すべきであることが明らかにされている。実際に，Ａは２回のショートステイにおいて連日のように「家に帰りたい」との趣旨の話をしており，ＢはＡの帰宅願望と，それに基づく徘徊があることは十分に理解していたといえる。

しかし，本件判決が踏み込んだ判断をしているのは，Ａの行動から考えて，Ａが行おうとしていた行動はいずれも「Ｂ施設の１階出入口から外に出て，帰宅する」というものであり，２階の窓から外へ出ようとするものではないという判断をしていることである。

本件では，Ａの様々な行動から考え，また，Ａが徘徊のひどさから他の施設でのショートステイを断られていることからも，Ａが帰宅願望を有していたこと自体は争いようがない。そうすると，安直に考えれば，「Ａは帰宅願望を有していた。そこで，Ａが窓から抜け出して帰宅しようとしないようにＢは注意すべきであり，それを行ったＢには過失がある」という判断になりそうである。

しかし，裁判所は上記のような安直な考えに陥ることなく，Ａのこれまでの行動を分析し，「Ａがこれまで取った行動から予測できるのは，Ａが施設１階の出入口から外に出て帰宅しようとする事態であり，２階の窓から外に出ることまでは予測できない」と認定している。この裁判所の認定の基礎となったのは，Ｂの詳細な記録であると思われる。

徘徊や帰宅願望は，認知症の高齢者によくみられる行動の一つである。介護に従事する職員には珍しいものではなく，いきおい，介護記録への記載も「帰宅願望あり」，「家に帰りたいという」，「出口を探す行動がある」といった，具体性に欠けるものになりがちである。

しかしながら，本件でのＢの記録は，前述のように「５日午前 10 時，職員に『１階へ降りたいんだけど，エレベーターはどうやったら動くの』と数回尋ね，家に帰ると話した」「午後６時 40 分ころから（Ａが）ドアを開けろ，階段の鍵を開けろと発言した」というように，日時を特定するとともに，具体的なＡの言動を記録してある。このような記載から，裁判所は「Ａの帰宅願望に基づく徘徊は，あくまで１階の出入口から帰宅すること」を前提としたものであり，施設職員としてはその限りでＡの行動を予測できたと認定している。

仮に記録の記載が「Ａがしばしば家に帰りたいと述べている」程度の抽象的な記載にとどまった場合，裁判官はＡの帰宅願望の内容を知る手段がない。本件ではＡの死亡という重大な結果が生じているのであるから，仮に裁判官が「Ａには帰宅願望があった」以上のことを知り得ない場合，前述のように「Ａには帰宅願望があるのであるから，２階の窓から外に出ようとすることもありうるのではないか」との安易な結論に流れた可能性が否定できない。このように考えると，本件ではＢの詳細な記録が訴訟の結果を決める手となったものといえるであろう。

6 推奨される記録のつけ方

本件を元に，本件のＢのような立場にある施設等はどのように記録をつけるべきであろうか。既に上記で示したように，ポイントは，抽象的な記載に終わることなく，具体的にＡの行動を記録しておくことである。このような注意点は本件のような徘徊に関する事件だけではなく，例えば転倒，誤嚥といった他の事故の類型でも同じことがいえ，しっかり記録の仕方を検討しておく必要がある。

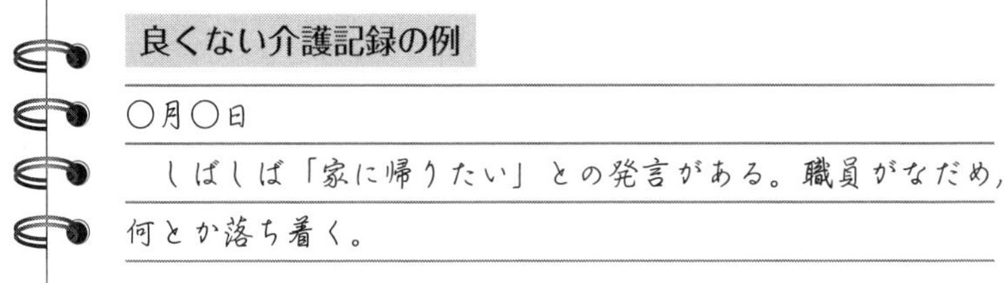

良くない介護記録の例
○月○日
しばしば「家に帰りたい」との発言がある。職員がなだめ，何とか落ち着く。

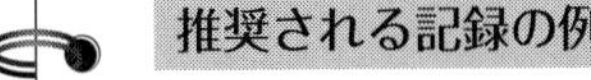

○月○日

事務室に午前中だけで3回ほどやってきて，「家に帰りたい。エレベーターのドアが開かない」との話をする。対応した職員が，「息子さんから，▲日までは泊めてあげてほしい」と言われているから，今日はこっちに泊まっていこうよ」というと，納得してその時は部屋に戻るが，しばらくするとまたやってくる。

コメント

上記のとおり，二つは同様の事態を記載したものであるが，一つ目の記載は帰宅願望があること以外，ほとんど内容がわからない。本件のような事故の場合，Aの日々の言動の記録が重要であり，推奨されるような記載をすべきである。

入居契約

事例▶24

解約について，解約の意思表示を行った時点が争われた事例

東京地判平成18年12月6日（判時1993号43頁）

ポイント

施設入所契約の解約に当たり，入所契約に「契約に関しては代理人を定め，これを解除しない」と規定があるにもかかわらず，代理人を経由せずに入所契約を解除したことが有効であるか

1　事案の概要

Ｘは認知症を患う90歳の女性である。原告は以前，子（四女）であるＹとＹ宅で生活していた。しかし，平成17年に骨折により入院した。Ｘの退院が決まった後，認知症があることも考慮して，今後はＸについては有料老人ホームであるＡ（なお，経営主体は株式会社である）に入所することとした。

Ａホームへの入所に当たり，ＸはＡに対し約1,400万円の入居金（入居契約の解除があった場合，入居期間に応じて清算されるものである。なお，入居契約は解除の意思表示があった日から30日の経過後に解除される）を支払うことを約するとともに，入所契約においてＸの五女に当たるＺをＸの代理人と定めた。当該入所契約においては，ＺはＸの代理人としてＸＡ間の契約の履行のすべてについて代理権を有すると定められるとともに，当該代理権はＸＡ間の契約が終了するまで解除できないことが定められた。Ｘ

とAは，平成 17 年 3 月 15 日，入所契約を締結した。

ところが，同月 21 日に，Aを訪れたYがA職員の制止を振り切ってXを連れ出し，XはそのままAには戻らなかった。連絡を受けたZはAに対し，「迷惑をかけて申し訳ない。Yと話をして，XをAに連れ戻すようにしたい」との説明をした。

Zは同年 5 月 31 日，Aに対し入居金約 1400 万円を支払った。

一方，XはAに対し，同年 4 月 30 日付で「退所届」という書面を作成し，同書面は 5 月 9 日にAに郵送で届けられた。しかし，この時点ではAはXA間の入所契約が解除されたものとして扱わなかった。同年 7 月 12 日にはXの委任した弁護士がAに対して入所契約の解除を主張したが，Aは「代理人であるZの承諾がなければ解除は認められない」旨主張して入所契約の解除と入居金の返還に応じなかった。同弁護士は，9 月 20 日にZに対し，委任契約を解除する旨を通知した。また，同 21 日には同弁護士はAに対して，入居契約は解除されている旨主張した。

Zは平成 17 年 10 月 7 日に，Aに対して契約を解除する旨を伝え，同月 19 日にはZからAに対し，「入居金をZに返金してほしい」旨の書面が郵送で届いた。

上記事案のもと，XはAに対し，「Xは平成 17 年 3 月 21 日にAを退去し，その日からAには帰っていない。そこで，同日には退所の意思が明らかになったものとして，そこから 30 日が経過した 4 月 20 日にはXA間の入所契約は解除されている。したがって，4 月 20 日に解約が解除されたものとして入居金を清算すべきである。仮に 3 月 21 日に契約解除の意思表示がなされていないとしても，同年 5 月 9 日にはXからの退所届がAに到達しているから，そこから 30 日の経過した 6 月 8 日が契約の解除日として入居金が清算されるべきである」との主張をして，入居金の返還を求めたのが本件である。

2 判決の内容

ＸＡ間の入所契約は，ＺのＡに対する「入居金をＺに返還してほしい」との連絡がＡに到達した平成17年10月19日から30日が経過した，平成17年11月18日である。

3 争　点

【争点を考える上でのポイント】

⑴　ＸのＡへの入所契約において，ＺをＸの代理人に選任するとともに，入居契約の終了まで代理権は解除できないと定めることは有効であるか

⑵　ＸＡ間の契約解除の時点はいつか

本事案は，一見すると本書で紹介する他の事件とはかなり事案の色彩が異なるように感じられる。しかし，判決を丁寧に読むと，本件紛争の背後にあるのは結局のところ「Ｘは認知症であり，自らの意思をはっきりと主張できないのではないか」，「そのためには親族が代理人になるしかないのではないか」との点であり，やはり介護関係記録の存在が重要となる事案である。

判決は，Ｘが平成17年３月21日にＡを去ってから一度もＡには戻ってきていないこと，Ｘが「Ａには戻りたくない」と表明していること，Ｘ本人からＡに対し５月９日に「退所届」との書面が提出されていること，Ｘの委任を受けた代理人弁護士がＡに対し，複数回，契約の解除を求めていることについては全て認定している。

その上で判決は，「①Ｘは90歳で，認知症と診断され，要介護のため入所した者であり，その言動や『退所届』の意思確認には慎重さが求められること，②ＹＺの間では，入居を継続するか否かにつき見解が対立し，Ａ

にもその旨が伝えられ，入居一時金等の返還先にも問題が生じていたこと，③そうした中で，入居契約上の代理人であるＺは，Ａに対し，ＸがＡに戻る可能性があるので，まだ入居契約は解除しない旨の意向を繰り返し述べていたこと，④入居契約によれば，Ａとの関係では，ＸからＺへの委任や代理権付与は一方的に解除できないものとされ，介護付有料老人ホームという施設の性質上，この規定には合理性がある」と認定してＺに施設入所契約時に授与された代理権については，Ｘの一方的な意思では解除されないとしている。

上記認定の背後にあるのは，要するに認知症であるＸが自らの意思を明らかにすることが困難であることから，誰をＸの介護に関する事項についての最終意思決定者とするかという問題意識である。仮にＸが認知症ではない（＝自らの意思を明らかにすることができる）ということになれば，Ｘの意思が当然のことながら最優先となり，誰が最終の意思決定権者であるかを検討するまでもない。

そうすると，本件でもＸの状況について記録を残すことは重要であり，介護関係記録の重要性は本書で紹介する他の事案に劣るものではない。

また，本件では併せてＸＺ双方からＡに対し多数の書面・電話の通話内容が提出されていると考えられることから，当該書面・通話があった際の記録についても検討する。

4 提出されたと考えられる記録

⑴　判決にも記載のあるとおり，本件ではＸの診療情報提供書が提出されている。診療情報提供書とは，一般的には医師の「紹介状」と呼ばれることの多い書面である。何らかの事情で通院先の病院を変更する場合等に医師から発行されるもので，患者の病状・服薬している薬等が記載されている。使用用途（他の病院に転院する場合の紹介を目的として発行されるのか，本件のように施設入所をする際に，施設の嘱託の医師に病状を伝えることを目的とするのか）によって記載される内容が異なるようである

が，いくつかの一般的な書式が存在するようである。

本件では，Xが短期間入所していたと思しき介護老人保健施設（老健）の医師が発行した診療情報提供書が証拠として提出されている。介護老人保健福祉施設の医師が発行していることから考えて，何らかの介護業者に対して病状を知らせる目的で発行されたものと思われる。本件ではXの日常生活自立度はⅢa，意思決定を行う認知能力につき見守りが必要，幻聴，幻視，妄想等の問題行動ありとされていた。

施設入所を行う際であって，かつ，入所を希望する高齢者が通院している場合，ほとんどの施設では通院している病院から発行された診療情報提供書の提出を求める。これは，当該高齢者が体調を崩して通院する場合に医療情報を知っておく必要があるとともに，当該高齢者がどの程度自立して日々の生活を送ることができるか明らかにすることを目的とする。

本件の診療情報提供書もXがAあるいは他の施設に入所することを目的として作成されたと思われる。そして，その診療情報提供書にはXについて「日常生活自立度はⅢa，意思決定を行う認知能力につき見守りが必要，幻聴，幻視，妄想等の問題行動あり」との記載があった。これは，Xについてはかなりの程度判断能力が衰えており，日常生活にも支障が出ているといえる程に認知症が進行しているとの記載である。

上記診療情報提供書の内容が，先に紹介した裁判所の「Xは90歳で，認知症と診断され，要介護のため入所した者であり，その言動や『退所届』の意思確認には慎重さが求められること」という認定につながっていると考えられる。

(2)　また，本件の判決では，関係者からAに対しての電話・手紙が引用されている。原告・被告の双方から手紙・電話の内容について主張がされていると考えられる。

手紙については手紙そのものを保管しておけば証拠として提出することは容易であり，紛失にさえ注意しておけば特段の問題はない。

一方，電話については音声である以上，その内容を物理的に保管しておくことができない。そのため，訴訟の際に証拠となりうると考えられる通話内容については，証拠として保全する方法を検討しておくべきである。

いうまでもなく，通話内容を保全する方法として最も有用なのは通話内容を録音することである。近年はスマートフォンの普及により，通話の録音が非常に容易になっており，後日内容が問題となると考えられるものについては録音しておくべきである。

なお，相手方に秘密のまま録音（いわゆる秘密録音）した内容を訴訟において証拠とできるかについては，東京高判昭和 52 年 7 月 15 日（判タ 362 号 241 頁）が，「民事訴訟法は，いわゆる証拠能力に関しては何ら規定するところがなく，当事者が挙証の用に供する証拠は，一般的に証拠価値はともかく，その証拠能力はこれを肯定すべきものと解すべきことはいうまでもないところであるが，その証拠が，著しく反社会的な手段を用いて人の精神的肉体的自由を拘束する等の人格権侵害を伴う方法によって採集されたものであるときは，それ自体違法の評価を受け，その証拠能力を否定されてもやむを得ないものというべきである。そして話者の同意なくしてなされた録音テープは，通常話者の一般的人格権の侵害となり得ることは明らかであるから，その証拠能力の適否の判定に当っては，その録音の手段方法が著しく反社会的と認められるか否かを基準とすべきものと解するのが相当」と判示している。

そして，一般的に通常の電話での通話内容を録音することが著しく反社会的であると判断されることはないであろうから，内容が後日問題となりうる通話については積極的に録音すべきである。

問題は，録音されていない通話を証拠とする方法である。電話を受けた側からすると，その通話内容を必ずしもその場で録音できるとは限らない。そこで，電話を受けたことについても記録化しておくべきである。

まず，施設入所者の家族等から連絡があった場合，介護記録に必ず日時（何時何分まで記載する）及び電話をかけてきた者，受けた者の氏名を記載した上で通話の内容を記録しておく。通話の内容についてはできるだけ詳細に再現しておくべきである。必要があれば，問いと答えを逐語に記載しておく。電話内容を録音しておかなかった場合，後日，いわゆる「言った・言わない」の問題を生じさせやすい。その場合にも，通話の記録が詳細に記載されていれば，記載内容の合理性から通話の内容を立証できる場合があることに注意すべきである。

5 推奨される記録のつけ方

ここでは，電話の記録のつけ方について推奨する記載方法を述べる。

電話を受けた場合の記載例１

電話を受けた日　令和元年６月１日　午後１時35分
電話を受けた人物　　甲山太郎
電話をしてきた人物　乙野次郎
電話の内容

　これまで母の花子がそちらにお世話になってきたが，家族間で話し合って花子にはそちらの施設は合わないのではないかという結論になった。申し訳ないが，今年の７月いっぱいでそちらを退所したいと考えている。正確な退所日が決まったらまた連絡する。遅くとも荷物は７月が終わるまでには運び出す。退所の手続きを取ってから30日で契約は終了するということでいいだろうか。新しい施設など，細かいことが決まったらまた連絡する。

電話を受けた場合の記載例２

（日時等の記載は上記に同じ）
乙野：家族で話し合って，花子については退所させたいと思う。

甲山：そうですか……。わかりました。いつごろ退所されますか。

乙野：5月の終わりを考えている。

甲山：5月末に退所ということでいいですか。

乙野：そうだね。

甲山：退所ということになりますと退所届を作成していただくことになりますが，ご家族にいらしていただいて退所届を作成してもらいたいのですが，大丈夫ですか。

乙野：それについては，次の行き先が決まったら退所の日も決まると思うので，また連絡するよ。

甲山：わかりました。

乙野：5月の終わりまでには荷物は全部出すから，迷惑はかけないから。

コラム　日常生活自立度の説明

日常生活自立度とは，高齢者がどの程度自分の力だけで生活できるかを判定した結果を示したものである。高齢者が身体に障がいがある場合の「障害高齢者の日常生活自立度（俗に，『寝たきり度』と呼称されることがある）」と高齢者に認知症がある場合の，「認知症高齢者の日常生活自立度」の２つがある。本件で登場するのは，後者である。

「認知症高齢者の日常生活自立度」は５段階に分かれ，Ⅰが認知症が最も軽度で，生活にほとんど支障のない場合を指す。以降Ⅱ～Ⅳと数字が大きくなるほど認知症が重度となり，生活にも支障が出ている状態であることを示す。最重度はMであり，医師による治療が必要であることを示している。

また，Ⅱ，Ⅲ度の自立支援度については，生活に支障があるのがどのような局面であるかにより，それぞれａｂの枝番が付されている。

利用者間トラブル

事例▸25

ホーム内で，認知症の入所者が他の入所者を車いすから転落させた事故について，施設が損害賠償請求をされた事例

大阪高判平成18年8月29日（賃金と社会保障1431号41頁）

ポイント

- ＹがＸを押して，車いすから転落させたことが証拠から認定できるか
- 仮に上記事実が認定できたとして，Ｙの行動をＡは予測できたか

1　事案の概要

Ｘは事故当時91歳の女性である。Ｘは平成12年10月から，社会福祉法人Ａの経営する特別養護老人ホーム甲においてショートステイを利用していた。Ｘは平成14年には認知症の進行により要介護5の判定を受けている。また，同年頃には車いすを利用していたが，介助があれば自力で歩行することも可能であった。

そうしたところ，平成14年11月に至り，Ｘは車いすから転落して転倒し，左大腿骨頸部骨折の傷害を負った。また，骨折の発見が遅れたこともあり，当該事故をきっかけとしてＸには両股，膝関節拘縮，両下肢の機能全廃の後遺障害が残った。

この転倒の原因であるが，同じく甲のショートステイを利用していたＹ（事件当時92歳の女性。認知症がある）がＸを押して車いすから転落させた

可能性があるが，その現場を目撃した者はいない。Xは平成16年には死亡した。

Xの子であるZらは，Aに対して，ショートステイ利用契約上の債務不履行を主張し，損害賠償を請求した（なお，本件では，Zらは事故直後にXを診察した医師である乙も共同被告として訴訟を提起している。乙に対する損害賠償請求の理由は，事故直後にXの骨折を発見できなかったことが債務不履行又は不法行為に当たるというものである。本件では，乙に対する損害賠償請求の点は本書籍の扱う点から外れるため論じない。結果として，Zらの乙医師に対する損害賠償請求は認められていない）。

2 判決の内容

結論 Zらの A に対する損害賠償請求を認める。

理由 本件では，YがXを車いすから突き飛ばして転落させたと認められるところ，AはYがXを車いすから突き飛ばすと予測できた。

3 争点

【争点を考える上でのポイント】

(1) 本件事故の原因は，YがXを押して車いすから転落させたことによるものか

(2) 仮に上記(1)の点が肯定されるとして，YがXを車いすから転落させることが予測可能であったか

本件事故の特徴は，YがXを車いすから転落させたその瞬間を誰も見ていないことにある。

判決によると，事案の経過は以下のようなものであった。X，Yはいず

れも認知症を患っていたところ，Ｙは普段から不機嫌になると暴力的になる傾向があった（詳細は後述）。事故当日，老人ホーム甲のＸ，Ｙの利用するフロアには，３名の職員がいたが，いずれも他の利用者の介護等でＸ，Ｙのそばにいたものはいなかった。職員のうち一人が，ＹがＸの利用しているデイルーム（デイケアを行う部屋。デイケアを行う性質上，かなりの広さのある部屋であることが普通である）において，Ｘの利用している車いすのハンドルをつかんだり，Ｘの背中をゆすぶったりしているのを事故直前に目撃した。そのため，当該職員はＹをなだめ，自室に戻るように伝えたりした。その後，職員は他の要件のためにその場を離れた。しばらくして何かが床に落ちるような音がしたため職員がデイルームに戻ると，Ｘが車いすから転落していた。

上記経過からすると，ＹがＸを押して車いすから転落させる場面は目撃されていないのであるから，上記(1)の部分が争点となりうる（Ｘが認知症を患っていることから，Ｘが自ら立ち上がって車いすから転落することはありうる。また，特別養護老人ホームのデイサービスという性質上，デイルームにはＸ，Ｙの他にも認知症を患う高齢者が多数いたはずである。したがって，Ｙ以外の者によりＸが転落させられた可能性も否定できない）。

本件では，原告側がＹの過去の記録を適切に検討することにより，ＹによってＸが車いすから転落したことを立証した事案であると考えられる。

4 提出されたと考えられる記録

裁判所の事実認定を見ると，本件ではＸ，Ｙいずれについても事故までの間の認知症の状況について，かなり詳細に証拠提出がされていることが推測される。これについては，後述のとおり介護記録が提出されていると考えられる。

また，本件で注目されるのはＸの身長及び体重が立証されていることである。本件では，「ＸがＹに押されて車いすから転落したか否か」の判断に当たり，Ｘの身長・体重等が立証の対象となりうる（いうまでもなく，大柄で体重の重い人物の方が車いすから押されて転落する可能性が低いからである)。本件では，Xの身長が「140cmに満たない」，体重が「33kg」と立証されている。このことにも注目すべきである。

上記からして，まず，X，Yそれぞれのケース記録それ自体が提出されていることは間違いない。ケース記録は「当該個人が何日の何時ころにどのような行動をしたか」の記録である。本件では特にYについて，「職員が更衣をさせようとすると職員の手や体を叩いたりして抵抗した」，「着替えをさせようとすると大声を上げ，職員を足で蹴ろうとするなどの行為があった」との認定がなされていることからすると，当該行動の詳細はYのケース記録によるものであろう。

また，本件ではXの身長・体重が立証されている。一般論として，使用されている介護記録そのものには「身長・体重」の項目がないこともある(事業所等によってまちまちのようである)。このような場合の身長・体重の立証についてはそのほかの記録を利用するしかない。本件ではどのような手段が利用されたか詳細はわからないが，以下のいずれかの手段が用いられたはずである。

① まず，Xの主治医から医療記録を入手した場合である。Xに主治医がいれば，当該主治医の保管する医療記録（いわゆるカルテ）の開示を受ければ入手することができる。

② また，Xは介護保険を利用していたと思われるが，当該介護保険の主治医意見書には身長・体重の項目があることが一般的である（インターネットで公開されている主治医意見書の書式には，身長・体重の項目がある)。当該主治医意見書を取得すれば，身長・体重を立証することができる。主治医意見書は，各市町村の介護保険認定審査会に対して調査嘱託を行うことで開示を受けることができる。

③ その他，場合によっては当該高齢者等の介護記録に，当該高齢者等が受けた健康診断の記録が閉じられていることが時折ある。そのような場合，記録の全体についてコピーを取れば，当該高齢者等の身長・体重を知ることもできる。

5 判決の分析

【Yの認知症の状況について】

本件では，そもそもYがXを押して車いすから転落させたか否かが争点となっている。これについて，Aの職員が事故直前にYがXの車いすのハンドルを掴み，Xの背中を押していたという事実だけから安易にYがXを転落させたと認定すべきではない。そもそも，Xがいたデイルームにはほかにも認知症を患っていると考えられる高齢者が多数いるはずであるし，認知症を患うYの行為は容易に予測できない（直前まで車いすを押していたとしても，突然押すのをやめる可能性がある）からである。

判決はこの点について，介護記録からYのこれまでの認知症の状態を丁寧に認定することで，本件ではYがXを押して車いすから転落させたと認定している。

判決の認定によれば，Yは平成14年に入ってからしばしば不機嫌になり，不機嫌になると暴言や暴力的な行動があったと認定している。つまり，Yは単に認知症を患うだけではなく，その認知症に暴力的な傾向が伴うということを認定している。具体的には，Yは平成14年に入ってからは「職員が更衣をさせようとすると職員の手や体を叩いたりして抵抗した」，「着替えをさせようとすると大声を上げ，職員を足で蹴ろうとするなどの行為があった」と認定しており，Yが実際に他人に物理的な暴力をふるうことが認定されている。

また，Yは同じく平成14年には深夜に徘徊する，車いすに乗らずに押して歩いているなどの行動が見られた。そして，Aの職員がそれを注意しても聞き入れず，職員がYを自室に誘導しても自室内をうろうろする等，注意を容易に聞き入れない傾向があった。

そして，そのような暴力的かつ注意を聞かない傾向のある認知症を有するYが，実際にXの車いすのハンドルを掴み，Xの背中を押していたことから，YがXを押して車いすから転落させたと認定している。上記の認定からもわかるとおり，裁判所はYの直前の行為（Aの職員がYがXを押していたことを目撃したこと）だけではなく，それまでのＹの認知症の様子を検討したうえで認定を行っていることがわかる。

なお，これに対しＡ側は「Ｙが物理的な暴力をふるうのは，介護のために自らの意思に反する行為を行った場合のみである。普段，Ｙが他の入所者との間でもめ事を起こしたことはなかった。介護職員相手に暴れる際も，引っかいたり叩いたりという程度であった」と主張しているが，これが判決に影響を及ぼしたようには読めない。しかし，もし上記主張が介護記録からうかがえるのであれば，あるいは本件において裁判所の事実認定が変わった可能性はありうる（「ＸはＹの介護をしていたわけではなく，Ｙと同じくショートステイの利用者である。したがって，ＡとしてはＹがＸに暴力をふるって車いすから転落させるとは予測できなかった」との主張が成り立ちうる）。この観点からは，Ａ側は介護記録の記載の仕方を検討すべき事案であったといえよう。

6 推奨される記録のつけ方

本件においては，Ａ側から見れば「Ｙが物理的な暴力をふるうのは，介護のために自らの意思に反する行為を行った場合のみである。普段，Ｙが他の入所者との間でもめ事を起こしたことはなかった。介護職員相手に暴れる際も，引っかいたり叩いたりという程度であった」という主張が重要になる。当該事実を立証するためには，そのような事実をきちんと記録に残すべきである。

良くない介護記録の例

（Ｙに対し）失禁があったためズボンを変えようとすると大声を上げ，手を振り回す。失禁した旨を説明して，わかってもらった。

推奨される記録の例

（Ｙに対し）失禁があったためズボンを変えようとすると「このままでいいんだよ！」と大声を上げる。職員が肩に手を掛けたところ，突然手を振り回したため，手が職員の顔に当たり引っかき傷が残った。職員が失禁している旨を説明したところ，「そうだったのね」と言い，着替えをすることを了承した。

失　　踪

事例▶26

デイサービスを利用する高齢者が失踪後に死亡した事例

静岡地浜松支判平成 13 年 9 月 25 日（賃金と社会保障 1351・52 号 112 頁）

ポイント

- Ｚが Ｙ 施設から失踪することについて予見しうるか
- Ｚが Ｙ 施設から失踪したことと死亡との因果関係

1　事案の概要

亡Ｚ（原告Ｘ１の夫）は，在宅の要援護老人の男性であり，事故当時，失語を伴う重度の老人性痴呆（認知症）と診断され，失語症により身体障害４級の認定を受けていたが，健脚で歩行に不自由はなかった。Ｘ１は，夫であるＺの介護の負担が大きく疲労が増していたことから，周囲の勧めもあって，ＺをＹの経営するデイサービス施設（Ｙ施設）に週２回通所させていた。

Ｚは，Ｙ施設でデイサービスを受けている際，Ｙ施設から行方不明になった。Ｙ職員らはＺを探したが発見できず，結局，Ｚは１か月後にＹ施設から遠く離れた砂浜に死体となって打ち上げられているところを発見された。

Ｘ１及びＸ１とＺの子らＸ２，Ｘ３，Ｘ４は，Ｙに対し，注意義務違反及び施設の建物・設備の瑕疵に基づく損害賠償請求をした。

2 判決の内容

結論 原告の請求一部認容。

理由 ＺがＹ施設から失踪することは予見可能である。しかし，ＺがＹ施設から失踪した後，死亡したことはＹ職員の過失との間では因果関係が無く，Ｚの死亡についてはＹは責任を負わない。

3 争　点

【争点を考える上でのポイント】

⑴　（Ｚは施設入所者ではなくデイサービス利用者に過ぎないが）Ｙ職員らはＺの失踪を予見できたか

⑵　予見できたとして，Ｚの失踪と死の間に因果関係があるか

①　デイサービス利用者ＺがＹの施設から失踪したことについて，Ｙに過失があるか。

②　Ｙの施設の建物及び設備に瑕疵があるか。

③　亡Ｚの死亡とＹの注意義務違反又は建物設備の瑕疵との間に相当因果関係があるか。

4 提出された介護記録等

公開されている判決は，引用した証拠について「省略」となっており，どのような証拠が提出されたかは明らかになっていない。しかし，判決文が「証拠（省略）によれば」としている部分以下を見ると，当事者の陳述書等の他，明らかに介護保険の認定調査票あるいはその認定結果（Ｚが自宅で支援センターの職員の面接を受けていると記載がある），身体障害者手帳

（身体障害４級の認定を受けているとの記載がある），Ｙ施設でデイサービスを受けるに当たり行われた事前面接の結果（Ｚが体験入所を経て，Ｙ施設からデイサービス利用を許可されているとの記載がある），日々作成される介護記録（Ｚが職員と簡単な会話はできた旨記載がある）については証拠提出されていると考えられる。

5 判決の分析

本件判決は結論として，ＺがＹ施設から失踪したことについて，Ｙ職員は予見可能であった。したがって，失踪したこと自体についてはＹに過失があり，その限度でＹは賠償責任を負う。しかし，Ｚが失踪後に死亡したことについては，Ｙの過失と因果関係がないとしている。本件はＺが失踪後，１か月という長い時間を経て死亡しているという特殊な事案であり，その特殊性を考慮した判決となっていると考えられる。

まず，争点の第一であるＺの失踪について，Ｙ職員が予見できたかという点について検討する。本件でこの争点を考えるに当たり考えなければならないのは，ＺはＹ施設に入所していたわけではなく，デイサービスを受けるために通所していた者であり，かつ，Ｚがデイサービスを利用し始めてから失踪までの期間が短期間である点である（ＺがＹ施設のデイサービスを利用し始めたのが平成９年５月２日，Ｚが失踪するのが同月21日であり，Ｚが失踪までにＹのデイサービスを利用したのは６回）。

デイサービスとは，要介護の高齢者について，一般的には日中の短時間に施設内で入浴等の介護をする介護サービスを指す。利用者は介護サービスを提供する施設に宿泊することはなく，多くの場合，介護サービス事業者がデイサービスを提供する施設まで送迎する。

ＺはＹの提供するデイサービスを６回しか利用していない。このような短期間では，Ｚの有する認知症の傾向や身体状況について，Ｙ施設職員が詳しく知ることはできず，したがってＺの失踪をＹ職員が予見することができないとも考えられる。

しかし，判決はＺの失踪について，Ｙ職員の予見可能性を肯定する。その理由として判決は，Ｚが認知症ではあるものの身体的には特に不自由がないこと，Ｚは失踪直前，他人の靴を取ってきて何度も玄関へ行くという行動をしていることを挙げている。当該事情について，公開されている判決では証拠目録が省略されているが，内容から考えてＺの身体状況については入所時の聞き取り（フェイスシート作成）あるいは介護保険の認定調査票，Ｚの失踪当日の行動は介護記録に記載があったと考えられる。

さらに詳細にみると，判決はＺは従前からＹ施設内では精神状態が安定する状況であれば施設職員と簡単な会話ができたが，多人数であると緊張して話ができなくなり，帰宅したがったり，廊下をうろうろすることがあったと認定している。さらに，失踪当日も，ＺはＹ施設で入浴介助を受けたのち遊戯室に戻ったが（遊戯室には他の利用者がいた），他の利用者の靴を下駄箱から取ってきたり，玄関に何度も行ったりしてその都度，Ｙ施設職員に遊戯室に連れ戻されたと認定されている。

すなわち，判決によれば，記録上Ｚは大勢の人がいるところを苦手とし，そのような場所にいる場合は帰宅したがる傾向があると認定したうえで，失踪当日も人が大勢いる遊戯室から帰宅したがっていたと認定しているのである。そして，上記に加え，失踪当日にはＹ職員が玄関にいるＺを遊戯室に複数回連れ戻していることから，Ｙ職員はＺが失踪するかもしれないと予見できたと認定している。

その上で，本件ではＹ施設内の玄関，裏口は厳重に閉鎖されているが，１階廊下の高さ84cmほどの高さの窓については施錠されていなかったことから，上記窓からＺが外に出ることはＹ職員には予測可能であるとしている。

このように子細に見ていくと，判決は①普段のＺの様子（人が大勢いるところを苦手とし，そのような状況になると帰宅願望が生じる），②当日の行動（帰宅しようとして，玄関に何度も行ったり靴を持ってきている）の２つを検討し，Ｚの失踪を予見可能であったと認定していることがわかる。このような①普段の様子，②事件当日の様子の２点から予見可能性を判断する手法は一般的な予見可能性の判断の手法と考えられる。

通常，いかに介護の専門家とはいえ，6回程度しか介護サービスを利用していない者の行動傾向を知ることは困難である。その点では，Ｚの失踪についてＹ職員は予見できなかったとも考えうる。しかし，記録に残る事故前の行動傾向と本件事故でＺが取った行動が一致することから，判決は予見可能性を認めたものと推測される。

争点の第二は，Ｚの失踪とＺの死亡の因果関係である。まず，判決はＺが失踪から1週間経過した5月28日に顔見知りの商店に来店したと認定している（これについて，どのような証拠から認定したのかは公開されている判決から明らかではないが，介護記録に施設外での出来事が記録されるとは考えられないから，当該商店の経営者の陳述書等から認定していると考えられる）。したがって，判決はＺはＹ施設から失踪後，少なくとも1週間は生存していたと認定している。

そして，判決は「Ｚは知った道であれば自力で帰宅することができていたのであり，身体的には健康で問題が無かった」のであるから，Ｚは「自らの生命身体に及ぶ危険から身を守る能力まで喪失していたとは認めがたい」，ＺはＹ施設から失踪した後，「帰宅しようとしたが，バスで通所していたため道がわからず，放浪していたもの」と認定している。

本件で重要とされることのもう一つは，Ｚが身体的には健康であった，という点である。仮にＺが身体的にも疾患を抱えており，単独では長期間生存できないような身体状況にあった場合，ＺがＹ施設から失踪すれば死亡する高度の危険性があったことにある。そのような場合，Ｚの失踪と死亡との間に因果関係が認められてもおかしくない。Ｚが身体的には何ら問題がなく，「知った道であれば，自力で帰宅していた」ということが本件認定の重要な基礎となっていると考えられる。

本件では，Ｚの入所時の聞き取りあるいは介護保険の認定調査票に身体的には疾患が無く健康である旨の記載があったことから，上記認定につながっていると推測される。

6 推奨される記録のつけ方

【施設入所の最初の聞き取りなどで】

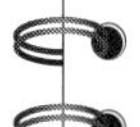

良くない介護記録の例

「人の多いところは苦手であると」家族から聞いた。

推奨される記録の例

「人の多いところにいると，ソワソワしたりその場から出ていこうとする傾向がある」と妻Ｘ１から聞いている。

【日々つけている介護記録において】

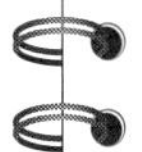

良くない介護記録の例

多人数のいる部屋を嫌い，出ていこうとする。

推奨される記録の例

入浴後に遊戯室に戻ってもらったところ，顔をしかめるしぐさがある。職員に何かを伝えようとしているが，うまく伝えられない様子で玄関の方に行こうとする。職員が遊戯室に連れ戻すが，椅子から立ったり座ったりを繰り返す。

事 項 索 引

判　例　索　引

介護事故の事実認定と記録
「介護記録」を武器にする書き方

2021年4月26日　初版発行

編著者　神保正宏
　　　　山本宏子

発行者　和田　裕

発行所　日本加除出版株式会社

本　社　郵便番号 171－8516
東京都豊島区南長崎3丁目16番6号
TEL (03)3953－5757(代表)
(03)3952－5759(編集)
FAX (03)3953－5772
URL www.kajo.co.jp

営業部　郵便番号 171－8516
東京都豊島区南長崎3丁目16番6号
TEL (03)3953－5642
FAX (03)3953－2061

組版・印刷　㈱亨有堂印刷所　／　製本　藤田製本㈱

落丁本・乱丁本は本社でお取替えいたします。
★定価はカバー等に表示してあります。

Printed in Japan
ISBN978-4-8178-4722-5